SHODENSHA
SHINSHO

英国人記者が見た
世界に比類なき日本文化

ヘンリー・S・ストークス
加瀬英明

JN230199

祥伝社新書

まえがき

来日して五〇年になる私がつくづく思うのは、いかに日本が、日本以外の諸外国から、理解されていないかということである。つまり、外国は日本のことを何も知らず、知ろうともせず、勝手にこしらえた先入観だけで日本を見ている。そうした日本観に日本人が違和感を覚え、話がかみ合わなくなるのも、当然だろう。

そう言う私自身がそうだった。母国で流される情報を鵜呑《うの》みにし、歴史認識にしても、日本の「戦争犯罪国史観」を疑っていなかった。また来日した当初は、日本人と話していても、はっきりと意見を言わず、曖昧《あいまい》で、腹のなかで何を考えているのだか分からない国民だと思っていた。

だが、いまは違う。はっきり意見を言わないのは、自己主張を抑えることで諍《いさか》いを避け、他人との調和を第一に考えるからだった。曖昧な態度を取るのも、はっきり言わずとも相手に察《さっ》してもらえる文化であるからだった。宗教的に厳格な規範がなくとも、日本には数千年来の確固とした道徳律があって、それが国民の暮らしを律していることも分かった。「男尊女卑」の国であるどころか、これほど女性が自由で、生き生きと活躍できる国であるというのも驚きだった。

こうしたことが分かってくると、日本は世界でも類を見ない、洗練された平和な文化を育《はぐく》んできた国であり、これほど素晴らしい歴史と文化を持った国は、他にないと思うようになった。そしてイギリス人として、日本に心からの慈《いつく》しみを、感じるようになった。さらには日本文化には、世界が取り入れるべき模範があると、確信するにいたった。

だが、外国人はおろか、日本人でさえ、自分たちの文化のこうした価値を自覚していない。それればかりか、自分たちの長所であるところを短所であるかのように勘違いし、なかには、それを自ら笑いものにして、得意になっている人たちさえいる。これほど、苛立《いらだ》たしいことはない。

それであるなら、そうしたことをまず日本人に伝え、外国の人々にも教えひろめることが、私にふさわしい役なのではないかと、僭越《せんえつ》ながら考えた。

そのように思い、長年の友であり、以前『なぜアメリカは、対日戦争を仕掛けたのか』（祥伝社新書）でも共著者となった加瀬英明《かせひであき》氏に本の提案をしたところ、幸いにも氏の快諾を得た。こうして出来上がったのが本書である。

前著の『英国人記者が見た連合国戦勝史観の虚妄』でも感じたことだが、強調したいのは、世界の日本に対する認識と、実際のそれとのあいだに、いかに大きな乖離《かいり》があるかということである。それが歴史観であろうと、日本文化の本質であろうと、乖離の大きさは変わらない。その溝を埋める努力を日本人がしてこなかった点は責められもしようが、日本人自身が自覚していないことには、発信のしようもないだろう。

そう思って、私はこの本をまとめた。まず日本の方々に読んでもらい、次いで、欧米、中韓をはじめとする諸外国の人たちにも、広くお読みいただきたいと、切《せつ》に願う次第である。

なお、今回も私の口述の翻訳と構成に、藤田裕行《ふじたひろゆき》氏に尽力いただいた。紙面をかりて、感謝の意を表したい。

平成二十七年十二月五日

ヘンリー・スコット・ストークス

目次

第一部　日本文化は人類にとっての大きな財産

ヘンリー・S・ストークス
（翻訳・構成／藤田裕行）

第1章「和の心」の日本人

目　次

第2章　神々が相談する国

第3章　世界に類《るい》のない「自制」の文化

第二部　岐路に立つ日本文化

加瀬英明

第1章「日本女性」こそ、日本文化の粋《すい》

第2章　一神教徒と多神教徒

第一部　日本文化は人類にとっての大きな財産

ヘンリー・S・ストークス
（翻訳・構成／藤田裕行）

第1章　「和の心」の日本人

素晴らしい歴史と伝統の国

先の大戦中、日本にとって、イギリスやアメリカが「鬼畜」であったのと同様に、当時のイギリスにとっても、日本は「鬼畜」だった。

そうした時代に生まれた私は、メディアの報道が、連日「日本悪玉論」で塗りつぶされるなかで育った。東京裁判が行なわれていたころは、日本軍の捕虜虐待が伝えられるなどして、とりわけ報道が過激だった。

一方で、親からは、そうした教育を受けた体験はなかった。父には、日本への郷愁《きょうしゅう》があった。父は母と結婚をした二十五歳のころに、名古屋の大学から、古典の教授として誘いを受けたことがあった。父は、ギリシア語やラテン語を専門にしていた。父は家族を連れて日本に行きたかった。しかし、祖父の会社を社長としてまかされることになったため、日本に来ることができなかった。

そんなわが家の来歴もあったので、私は日本に関心があった。しかし、メディアの洗脳は恐ろしいもので、いわゆる「南京《ナンキン》大虐殺」などは、史実として疑わなかった。

ところが、日本に住みはじめて、日本人に接すると、日本人が、相手を慮《おもんぱか》って、察《さっ》することを通して、「和」を大切にする人々であることが、肌で感じられるようになった。歴史と伝統に誇りを持ち、日本独特の洗練された豊かな文化や芸術を、大切に育んできた人たちであることも分かった。それどころか、世界に、これほど素晴らしい歴史と伝統を持った国は、他にないと思うようになった。私は日本に、イギリス人として、心からの慈《いつく》しみを感じるようになった。

私も日本に住むようになって、すでに五〇年が過ぎた。いまでは日本は第二の祖国である。だが、そのように思えるようになるまでには、正直なところ、長い時間がかかった。

日本文明についてのハンチントン教授の誤り

アメリカの高名な政治学者で、コロンビア大学のサミュエル・ハンチントン教授が、一九九六年に著書『文明の衝突』（邦訳・集英社）を発表すると、たちまち世界的なベストセラーになった。教授はアメリカ政治学会会長も、務めた。

この本のなかで、ハンチントン教授は、日本文明を世界の「八大文明の一つ」として位置づけて、日本文明が「日本一国のみで成立する、孤立した文明」であると、定義した。

日本が世界の他のどの文明とも、まったく異なった独自の文明を築いてきたと、論じている。

これまで、世界の学界では、日本を中華文化圏、あるいは儒教文化圏の一部として、位置づけてきた。それが、長いあいだにわたって世界の常識となって、誰も疑うことがなかった。

日本を独立した八大文明の一つとして認めたのは、はじめてのことだった。ハンチントン教授の洞察力に、敬意を表したい。私も日本の文化は、中国や朝鮮と比較すると、日本と西洋とのあいだの違いと同じほど、大きな隔たりがあると思ってきた。

だが、私は卓見とも思えるハンチントン教授の説にも、重大な誤りがあると思う。それは、教授が日本文明を、「二世紀から五世紀にかけて、中華文明から派生して、成立した文明圏である」としたことである。これには、大いに異論がある。日本の文化は中華文明から派生したものでは、けっしてない。日本に住んでみると、分かることだが、これは大きな間違いだと思う。

日本文化が中華文明の影響を受けたことは確かだが、日本は独自の文化を、そのはるか以前から、つくっていた。そのことは、追々述べてゆくことにしよう。

なぜ現代の日本人が自信を失っているのか

さて、この三〇年ほどのことだろうが、日本人が自信をすっかり失ってしまっているように感じられる。

私が来日した一九六〇年代の日本といえば、どこへ行っても、じつに活気に溢《あふ》れていた。

誰もが、日本を発展させようとして、目を輝かせて働いていた。

日本のどこへ行っても、西洋に追いつこうという意欲が、充満していた。それが、幕末以来の日本国民の総意であり、願いだった。もし、そうしなかったとすれば、他のアジアやアフリカの諸民族と同じような運命をたどって、西洋帝国主義諸国の餌食《えじき》となってしまっただろう。

私は日本人が第二次大戦に敗れたものの、戦後も気力を漲《みなぎ》らせていたのは、明治の開国以来、世界が日本に目を見張った発展をもたらしたのと、まったく同じ精神によるものだと思った。日本人としての誇りが、国民的な願望を支え、日本の復興の原動力となっていた。

ところが、今日の日本は往《ゆ》き交《か》う青年から老人までが、日本の前途について、希望を失っているように見える。

とくに、若い男性たちがあのころのように、背筋を伸ばして、向上心をもって、胸を張って歩く姿を目にすることが、まったくなくなった。

私だけではなく、いまから四〇年、五〇年前の日本を知っている者にとっては、日本人が日本人らしさを失ってしまったように思える。

日本の若者から高齢者までが、向上心を衰《おとろ》えさせて、夢を見なくなったのは、物質的な豊かさが充満したために、人々がすっかり怠惰《たいだ》になって、刹那《せつな》的な快楽だけを追い求めるようになったからだと、説明される。

だが、それよりも、もっと大きな理由があると思う。

日本の力といえば、日本にはまったく資源がないから、日本人らしさの他には、存在していない。

日本の力は、日本の長い歴史が培《つちか》ったものだ。日本人がその力を自ら進んで否定するようになっているのではないか。

いったい、日本人らしさの他に、日本を偉大な国としてきた力が、どこにあるものなのだろうか?

このところ、日本人は自分が日本人であるということに、関心を失ってしまっているように思われる。

きっと、学校教育の場で、日本が世界のなかで比類のない、素晴らしい文化をもった国だと教えることがなくなったのも、大きな理由なのだろう。

日本国民の多くが日本の歴史や、独自の文化を尊ぼうとしなくなって、漂流する無国籍の民のようになってしまっている。

なぜなのか、このところ日本では「国際化」という言葉が、あたかも魔術的な呪文か、至上の価値でもあるかのように、明らかに過剰な用いられ方をしている。

もちろん、排外的になって、ナショナリズムが強調されすぎることがあってはならない。日本を外の世界から、孤立させてはなるまい。

しかし、「国際化」が日本的なるものを否定して、これを希薄にするものであったなら、日本という国から力を失わせ、時間とともに滅ぼすことになってしまおう。

外国語には訳せない日本語の「心」

世界で他にまったく見られない、日本の素晴らしい長所を挙げれば、何といっても、人々のあいだの「和」である。

この人々のあいだの「和」は、このひろい世界のなかで、日本にしか存在していない。ところが、この「和」という言葉は、英語をはじめとする外国諸語に、ひと言でそのまま訳すことができない。中国にも、インドにも、該当する単語がない。

読者は英語なら、きっと「ハーモニー harmony」——音や、行為、考え、感情などの調和、一致——が近いと、思われるだろう。

しかし、「ハーモニー」は、人々が音や、考えや、行動を調和させるか、あるいは一致させようと思いたって、参加している人々がそのように決めた結果として、もたらされるものだ。

だが、日本人にとっての「和」は、人々がそうしようとして、思いたった結果ではない。日本人の心のなかに、つねにあって、心からごく自然に涌《わ》き出るものなのだ。

では、「心」を、英語でどのように訳したらよいのだろうか。

これが、また難しい。一語では、とうてい訳せない。そう書くと、意地が悪い読者から、「やはり、欧米人は、『心』がないのだ」といわれるのも癪《しゃく》なので、ずっと考えたが、思い当たらない。

欧米人は、「心」とまったく同じ英語表現はないにしても、「心」と同じような意味で、「ハート」や「マインド」といった表現を使っている。辞書を調べると、「ハート」や「マインド」には、数多くの意味がある。

「マインド」は、「思考」に近い。頭で考える範疇《はんちゅう》で、そこから「アイディア（考え）」が生まれてくる。ほかにも「マインド」には、「思考、感情、意志などの働きをする心」、「理性を働かせる」知性、頭、記憶や、意見、考えなどの意味がある。

A strong (weak, clear, shallow) mind 「強い（弱い、明晰《めいせき》な、浅薄な）心」などと言う。A sound mind in a sound body.「健全な精神は、健全な肉体に宿る」という格言もある。

「ハート」は、心臓のことだ。心配事などあると、欧米人でも「胸が苦しく」なる。心臓の鼓動と関係があるからだ。

My heart leaps up.（心が躍る）という言い方もある。My heart is full. と言うと、「胸がいっぱい」という意味だ。「心」に近いだろうか。英語では What the heart thinks, the mouth speaks. という諺《ことわざ》もある。「心に思ったことは、口に出る」という意味だ。

日本語のなかでもっとも用いられた言葉は、「心」だという。「心尽《こころづ》くし」「心配《こころくば》り」「心がけ」「心意気《こころいき》」などといった、心が上についた言葉が、一〇〇以上もある。

世界の諸語のなかで、日本語ほど、心と組み合わせた語彙《ごい》が多い言語はない、といわれる。何よりも心を大切にするために、日本語の際立《きわだ》った特徴となったのだろう。

東日本大震災の時に、東北の被災者が礼節を守って、互いに譲りあった姿は、全世界の人々を驚嘆させた。

アメリカでも、ヨーロッパでも、他のアジアの国々でも、大きな天災に見舞われた場合には、被災者の多くの者が暴徒化して、商店や、住居などの掠奪に走るものだ。

あの東北の人々の気高い姿こそ、日本人が「和の民族」であることを、世界に示したのだった。

「和」の「心」こそ、日本の最大の長所

文化が、ある国や民族が培った固有な精神生活から発するものであるのに対して、文明は、より便利な道具や手法を使うことによって、民族や、国や、地域を超えて、世界にひろがってゆくものである。

日本は数千年以上もの長きにわたって、独自の文化を育ててきた。

日本文化のあり方には、これから世界が学ぶべきところが、大いにある。

西洋に限らず、人類が戦争のない平和な世界を構築して、共存してゆくために、世界は日本のさまざまな長所を認めて、取り入れてゆくべきだと思う。

日本をよく知るほどに、これから世界に「日本文化の時代」というべきものを、招き寄せたいものと、願っている。

これは、私だけではない。いま、多くの日本に住む心ある外国人が、日本国民の心に触れて、世界が日本を手本にして、日本人の生き方から学ぶべきであると、思うようになっている。

このような「和」による社会は、中国にも、東南アジア、インド、中東、アフリカから、ヨーロッパにいたるまで、どこにも存在してこなかった。

なかでも、今日の世界は、西洋列強が築き上げた文明によって、とくにアメリカから発した享楽と大量消費を讃美する物欲の文化によって、毒されているといわねばならない。

もちろん、いうまでもなく欧米世界には優《すぐ》れているところが、たくさんある。他の地域の文化にも、それぞれ長所があるのは、いうまでもない。

もし、西洋に学ぶべきものがなかったとしたら、今日、欧米諸国が世界の主要国とはなっていなかったことだろう。西洋は近代科学技術を編《あ》みだすことによって、人類に未曾有《みぞう》の物質的な豊かさや、医療などの長足の進歩をもたらして、人類の福祉を増進することに、大きく貢献してきた。

私は東京オリンピックの年から五十年余も、日本をジャーナリズム活動の本拠として暮らしてきたから、日本について実体験がある。

一九六四年に、日本にはじめてやってきてから、イギリスに一時戻っても、アメリカを訪れることがあっても、取材のためにアジアを巡っても、常にその国を日本と比較してきたから、毎日が日本との新鮮な出会いであってきた。そこから学んだことを、いまのうちに語っておかなくてはならないと、思っている。

日本で生活をしていると、日本人にとっては、ごくなにげないことであっても、外国人にとって驚くようなことが、たくさんある。外国人の眼は、日本人が日本を再発見するうえでも、きっと役に立つと思う。

円安も手伝って、大勢の外国人観光客が日本の各地を訪れるようになっているが、日本人の「おもてなし」に触れて、多くの者が自分の国や、外国とまったく異なった空間に身を置いていることに気づく。

この「おもてなし」は、計算ずくではなく、心のなかから発するものだ。

私は多くの外国人が、日本文化の素晴らしさに気づくことによって、日本から多くを学ぶかたわら、日本人も日本に特有な文化を大切な宝物として守り、未来へつなげていってほしいと願っている。

サイデンステッカー教授の嘆き

もっとも、今日の日本については、嘆かわしいことも多い。

私は多くの日本研究者を知るようになって、日本について多くを学んできた。

エドワード・サイデンステッカー教授も、その一人だった。『源氏物語』、『蜻蛉《かげろう》日記』や、川端康成《かわばたやすなり》、谷崎潤一郎《たにざきじゅんいちろう》、永井荷風《ながいかふう》、三島由紀夫《みしまゆきお》などの日本文学の翻訳によって、勲三等旭日中綬章を受章している。

本書の共著者である加瀬氏が、サイデンステッカー教授ととくに親しくしていた。

教授が八年前に亡くなった時には、生前、住んでいた東京の湯島《ゆしま》に近く、故人が愛してやまなかった上野の不忍池《しのばずのいけ》のわきにある会館で、三〇〇人を超える文学者や学者などが集まって、盛大なお別れの会が催された。私もその一人として参加したが、加瀬氏が追悼の口上を述べたうえで、献杯の発声を行なった。

サイデンステッカー教授と会うと、口癖のように日本の若者たちが日本人らしさを失うようになっているのを、嘆いていた。よく日本人の「心」という言葉を使った。

「わたしが、はじめて日本にきた時には、日本人は誰もが日本人の心を持っていて、感心させられたものでした」

「ところが、いまの若者には〝礼儀知らず〟が多くて、彼らの振る舞いを見たり、話を聞いたりしていると、腹が立ちますよ」

「わたしははじめての飲み屋に入る時は、客の年齢がどのくらいかと、まず年代を見ます。客が四十歳以上だと安心して、落ち着いて飲めます。三十歳より下の人たちが多いと、女性たちまでが奇声を発するので、よそに行きます。わたしは落ち着いて、酒の味を楽しみたいんです」

「このごろでは、日本語がおかしくなっています。たくさん例がありますが、若者は『ぜんぜん、大丈夫です』と、否定語であるべき『全然』を、肯定文に使います。『ぜんぜん』は『断じて、けっして』と同じように、否定のために使うものです。

最近、『生きざま』という言葉が、よく使われていますね。辞書には、『死にざま』しか出てきませんよ。言葉の乱れは、そのまま心の乱れです」

「若者は日本語ができなくなっています。初夏にその季節を表わす『バクシュウ（麦秋）』といっても、何のことか、さっぱり分からないんですよ」

いまの日本の若者は、日本語とともに、「和」を大切にしなくなりつつあるのだ。

もちろん、サイデンステッカー教授は、日本語をこよなく愛していた。日本語が乱れるようになったのは、このごろの日本人が日本を大切にしなくなったからだろう。

もったいないことに、日本人が代々にわたって受け継いできた、素晴らしい日本の生活文化と精神を、自らの手で傷つけて、損《そこ》ねるようになっている。

だからこそ、多くの日本人がもっと日本について知って、日本人らしさを取り戻してほしい。

日本は、日本人にとってだけの宝ではない。

私は日本が紡《つむ》いできた「和の心」の精神文化が、人類にとって大きな財産であると、信じている。

日本は女性を大切にした

世界は日本文化を、まったく誤解している。

二〇一五年五月七日、東京・有楽町の日本外国特派員協会（プレスクラブ）で映画の試写会があった。

『百日紅《さるすべり》〜Ｍｉｓｓ　ＨＯＫＵＳＡＩ〜』というアニメ映画で、英語の字幕入りだった。試写会は、記者会見とあわせて行なわれる。いつもは主演男優や女優なども出席するが、アニメだったので、監督が会見した。

私が苦笑いしたのは、クラブの会員への案内状だった。

「皆さんは修正主義史観《リビジョニスト・ヒストリー》を嫌っていようが、この作品は優れた男性の背後には、より優れた女性がいるということを示し、日本がいかに女性を大切にしていたかを、描いている」と、書かれていた。

このところアメリカでは、日本の保守派が「日本は侵略国家ではなかった」とか、「南京で大虐殺は起こらなかった」「従軍慰安婦は職業的な売春婦だった」「首相は靖国神社を参拝するべきだった」などという趣旨の発言をすると、「修正主義者《リビジョニスト》」だと非難するようになっている。

海外メディアは、日本といえばひどい男尊女卑の社会で、女性は家庭でも、社会でも、ひたすら虐《しいた》げられてきたように描くのが常である。案内状の文面は「日本が男尊女卑の社会ではなかった」と思わせるような映画の内容が「修正主義《リビジョニズム》」と受け取られることを危惧《きぐ》したものだが、この「修正主義」という言葉は、もとはといえば、スターリンや毛沢東《もうたくとう》が、政敵を粛清するために使ったマルクス主義用語である。

もちろん、「日本は男尊女卑社会」という俗説は、まったく事実に反する。日本の最古の歴史書である『古事記《こじき》』（七一二年）がいきいきと描いているように、日本では古代から、あの時代の世界でほかに類例がないほど女性が輝く社会をつくっていた。女性たちが、男に負けることが、まったくなかった。

日本では欧米で「レディーズ・ファースト」といって女性を立てるから、女性上位であるように思い込んでいる人々が多いが、これは大きな誤解だ。「レディーズ・ファースト」は女性が男より劣っていて、弱くて、一人立ちできない、保護を必要としている者として扱わなければならないという前提がある。

そこで、男性が「上から目線」で女性を守り、さながらペットを扱うように優しく振舞うことが、求められてきた。これは、男性が女性よりも優《まさ》っているという「ハンデキャップ」に基づく差別によるもので、男女が対等だと認識しているわけでは、まったくない。

日本でもかつて欧米の影響で「ウーマン・リブ」と呼ばれた女性解放運動があったが、これは欧米社会で女性が男性から不当な差別を受け、活躍する機会が限られていたことに対する反動だった。

欧米社会は、「Ｈｅ」と男性代名詞で表わされる神が創造した世界なのだ。キリスト教の祈禱《きとう》書にあるように、キリスト教徒は朝晩、「天に在《ま》しますわれらの父なる神」を、崇《あが》めている。

聖書では、女性である「イブ」が、禁断の林檎《りんご》の実を食べたことが、楽園だった「エデンの園」から追放される原罪をつくった。それ以来、女性は罪深い存在だと、位置づけられてきた。つい三、四〇年前まで、欧米社会は男尊女卑の世界として営まれていた。

ヨーロッパ、中東、インド、中国、朝鮮半島などの神話の主神は、すべて男である。ところが、日本はまったく違う。太古の昔から日本の最高神は、女性の天照大御神《あまてらすおおみかみ》だった。

アメリカ人夫人が見た女性天国・日本

日本にしばらく住んでみると、女性が強い国だということを、知るようになる。妻たちは、夫が働きに出かけたあとで、伸び伸びと生きている。

都心で昼食のために、単価が二〇〇〇円、三〇〇〇円といったレストランに入ると、まず、客の八〇パーセントが着飾った女性たちなのだ。それに対して、夫たちはオフィス街で、妻から貰《もら》った小遣《オロウワンス》いのなかから、四〇〇円か、五〇〇円の弁当を食べて、耐えている。

日本の家計簿は、世界のなかで独特なものだ。何と、夫の小遣い欄があるのに、どこを探してみても、妻の小遣い欄がないのだ。

小遣いは、力関係を示すものだ。力のある者から弱い者へ、目上から目下に与えられるものである。

欧米では妻が、やれ美容室にゆく、新しいドレスを買いたい、靴を買いたい、やれ何がほしいといって、そのつど、夫から小遣いをせびるのに、日本では逆によい歳《とし》をした夫が、妻に小遣いをせびる。

二〇一四年のアメリカで、上院議員の三分の一と、下院議員の全員を選ぶ中間選挙にあたって、与党の民主党が掲げた選挙公約は、「ウォア・オブ・ウィーメン」（女性を守る戦い）だった。大学キャンパスで頻発する男子学生による女子学生の強姦や、家庭における夫による暴力（ＤＶ）から、女子学生や妻を守るというものだった。

私の友人のアメリカ人が、夫人を伴って、東京に転勤した。すると、しばらくしてから、妻のほうが、日本は女にとって天国だ、と言った。

「日本にきて、これほど自分の時間が持てるとは、思っていませんでした。アメリカではビジネスの接待も、夫婦同伴が多いために、その前に急いで美容院に行って、髪をととのえる。何を着てゆくべきか迷う。子どものためにベビー・シッターを頼む。

そのうえ、帰ってから夫婦が互いに、『あの時、なんで（客や上役に）あんな余計なことを言った』といって、必ず喧嘩になります。日本では、接待は男どうしですませるので、女には子どもの面倒をみたり、自分の趣味に打ち込む時間が、いっぱいあります」

アメリカの離婚率は、日本より、二倍以上も高い。ヨーロッパは、その中間だろう。日本のほうが結婚と家庭の尊厳が、守られているのだ。

いったい、どちらのほうが、真っ当な社会だろうか？

話はそれるが、アメリカでは、小学校から大学まで白人の男女学生よりも、韓国系、中国系の学生のほうが、学業の平均成績が高いことが、注目されるようになっている。アジア系の学生が、弁護士、医師、会計士などの資格試験の合格率で白人を凌《しの》いでいるのだ。

アメリカの教育関係者のあいだで、二人のアジア系学者が著した『アジア系アメリカ人《エイジアン・アメリカン》の成功率《・アチーブメント》はなぜ高いか《・パラドクス》』（二〇一五年）という研究書が注目を浴びているが、アジア系は教育を重視してきたとか、儒教の伝統によって上昇志向が強いとか、さまざまな理由が挙げられている。

そのなかで、もっとも大きな理由は、白人の少年や青年の両親たちの離婚率が高いのに対して、韓国系、中国系は低いことにあるとされている。子が学業で成功するためには、何よりも片親が欠けることなく、安定した家庭環境が必要なのだ。

女性たちが結婚よりも、自立することを求めて、キャリアに価値を置くようになることが、〝輝く女性の社会〟とはならないことを、教えている。

話を戻そう。

それでも、日本で女性が虐《しいた》げられているというのなら、日本の女性は世界のどの国よりも、平均寿命が長いという事実を、どう説明するのだろう。人の幸せの尺度は、何よりも寿命の長さによって計られるものだといっても、異論はないはずだ。

スイスのジャーナリストで、著名な社会評論家のロレンツ・ストゥッキ氏は、日本に滞在して、日本社会の人間関係をつぶさに研究した後に、「日本で必要なのは、ウーマン・リブではない。〝男性解放運動〟なのだ」と、著書『心の社会・日本――ヨーロッパは日本に何を学ぶか』（邦訳はサイマル出版会刊）のなかで指摘し、欧米人の偏見を正している。

日本の古典文学を彩る女流詩人、女流作家

日本最古の和歌集である『万葉集』には、四五〇〇首あまりの和歌が収められており、八世紀末になって完成している。

そのなかに、女帝の持統《じとう》天皇や、額田王《ぬかたのおおきみ》、大伴坂上郎女《おおとものさかのうえのいらつめ》をはじめとして、多くの女性たちによる、胸を打つ煌《きらめ》くような和歌が、多く集録されている。

さらに『万葉集』には、編纂《へんさん》が始まる前から、口移しによって伝えられてきた、作者が誰なのか知られていない数多くの和歌（訳注・詠《よ》み人《びと》知らず）が、収められている。そのなかの多くの作品が、女性たちによるものなのだ。

日本文学の研究者のあいだでも、額田王は、有名である。

一例として、額田王の歌を英語で引用しよう。

At Nikitatsu, waiting for flood tide are we. Now the moon appearing, we can put out to sea.　LADY NUKATA

「熟田津《にきたつ》で、船出をしようと月の出るのを待っていると、月も出、潮《しお》の具合もよくなっ

た。さあ、いまこそは漕《こ》ぎ出そう（訳注・熟田津に　船乗《ふなの》りせむと　月待てば潮もかなひぬ　いまは漕ぎ出《い》でな）」

私は『万葉集』をH・H・ホンダによる英訳『ザ・マンヨウシュウ』（THE MANYOSHU、一九六七年、北星堂書店）で読んだが、やはり英語で読んだのでは、充分に理解したとは言い難いだろう。

もっとも、まったく同じことが、日本人がヨーロッパ文学の詩を、日本語訳によって読む時にいえよう。詩は情感であって、論理ではない。情感は原語で読んでこそ、はじめて伝わるものだ。

私は女性たちがヨーロッパにおいても、中東でも、アジアでも、男性にひたすら仕えて隷属していた時代に、日本では、女性たちが自立した精神をもって、いきいきと生きていたことを知って、驚かされた。

和歌を読むと、女たちが男を手玉にとっていたことが、分かる。

安倍《あべ》内閣が「女性が輝く時代」をつくろうとして、閣僚や、官庁の幹部に、より多くの女性を登用しようと努めているが、日本は、とくに飛鳥《あすか》から平安までの時代は、まさに女性が輝く時代だった。このような伝統から、武家社会になってからも、女性たちは母、あるいは妻として力を保ち続けた。

私は先に紹介したエドワード・サイデンステッカー博士のほかにも、ドナルド・キーン、アイバン・モリスといった、日本文学を翻訳して世界に紹介するうえで、大きな貢献を果たした人々と、親交があった。

キーンは十六歳で奨学金を受けて、コロンビア大学に入学した秀才だった。厚さのわりに安かったという理由で、戦前、アーサー・ウェイリーが英訳した『源氏物語』を買って読んだ。これが、日本語を学び、日本研究に打ち込むきっかけとなった。

キーンについては、また後に述べよう。

私は、こうした日本文学の翻訳者や、研究者と親しくするうちに、日本の古典文学（といっても、英訳）を読むうちに、日本人の精神について、いっそうよく知ることができるようになった。

『源氏物語』は、女性が人類ではじめて書いた小説だ。その高度に洗練された点からいっても、文学史上の金字塔といえる。平安時代の貴族生活における、男女の細やかな心の働きを描いているが、男たちが女性の心をとらえようと、努めている。女性が男性の上に、立っているのだ。

日本では女性が、一〇〇〇年以上前の時点ですでに、自由に、はつらつと生きていた。それは、当時の日本以外の世界では、見られないことだった。

清少納言《せいしょうなごん》は、紫 式部《むらさきしきぶ》と同じ時代に生きたが、『枕草子』を読むと、男性をやり込める場面がしばしば出てくる。

日本は、女性が強い国なのだ。やはり、紫式部や、清少納言と同時代の一人の和泉式部《いずみしきぶ》は、才気煥発《かんぱつ》な歌人で、生涯を通じて恋多い女だったが、同時に四人の恋人を手玉にとっていたために、当時の人々から「浮《う》かれ女《め》」として、批判されていた。

紫式部、清少納言、和泉式部以外にも、数多くの女性作家が登場して、筆を競い合っていた。女性が男に隷属しているのであれば、文筆を振るうなぞ、想像すらできないことだ。

なぜ欧米人にとって、日本は理解しにくいのか

日本は先の大戦に敗れて、アメリカ軍による占領を受けるまで、他民族や、異文化による占領、支配を蒙《こうむ》ることがなかった。

日本はいつの時代であれ、長い歴史のなかで異文化を上手に取り入れ、日本に適するよ

うに、きわめて独自なものにつくり替えて、日本文化として熟成させてきた。

欧米人にとって、日本人の「心」はあまりにも異質であるために、容易に理解することができない。

日本民族は異なるものを、二律背反的な対立構造でとらえなかった。大きく「和の心」をもって共存させ、全体の調和を保つことによって、独自の文化を織りなしてきた。

西洋文明は対立構造の上に、成り立ってきた。つねに白黒をはっきりさせ、神と悪魔の戦いのような世界観によって、築かれてきた。

イスラム文明も同様に、アッラーか、悪魔《サタン》かという二者択一を迫る。

欧米人の思考は、二律背反《イクスクルーディッド・ミドル》なのだ。それに対して、日本人はできるだけ対立を避けようとするから、欧米人にとって曖昧《ファジー》だ。

たまに、日本人も「白黒をはっきりさせましょう」ということがあるが、欧米人はつねに、相手にイエスかノーか、二者択一で答えることを、求める。

日本語は最後まで聞かないと、いったい肯定しているのか、否定しているのか、分からないことが多い。肯定して意見を言っているのかと思ったら、最後に「ということは、ない」と、つけ加える。

土壇場になって、肯定と否定が逆転するなど、英語などのヨーロッパ諸語では、ありえない。

翻訳者の藤田氏は、過日、日本武道館で行なわれた「憲法改正」一万人大会で、安倍首相をはじめ、櫻井《さくらい》よしこ氏、百田尚樹《ひゃくたなおき》氏などのスピーチを、英語に同時通訳した。この場合はそんなことはなかったが、同時通訳の場合、えてして、最後まで肯定か否定か分からないのが一番困ると言っていた。

それでも、最後に肯定か、否定が明確にされればよいほうで、日本語では、しばしば最後まで話を聞いても、いったい、肯定なのか、否定なのか、煙《けむ》に巻くような話し方をすることもある。

欧米人はそれを不誠実だ、誤魔化《ごまか》そうとしていると、受け取ってしまう。そこで、日本人は狡《ずる》いとか、信用できないと言って、批判する。

聖書の世界に生きる欧米人は、「神か、悪魔か」「天使か、悪魔か」という極端な二者択一を、迫られるなかを生きてきた。もちろん、自分の側が神か、天使だと思い込んでいるから、対立する相手を「悪魔」とみなして撃退するように、攻撃する。

論理的に説明がつかずに論破されると、自分が悪魔になってしまうから、必死だ。神はつねに勝利し、天使は「ウソをつかない」原則があるから、躍起《やっき》になって、ディベートする。

それに対して、日本人は禅問答のようだ。「善でもあり、悪でもある」と、一方が一〇〇パーセント正しく、他方が一〇〇パーセント間違っているという極論を避ける。もちろん、これは敵をつくらない、よい方法でもある。

西洋人もディベートや、裁判でつねに言い争う社会に、多少うんざりしたためか、ここ四〇年ほどは、欧米の大学でも、二者択二のアプローチが教えられている。「ウイン・ウイン」(WIN・WIN)の概念が、そうしたものだ。

「一方が勝ち、他方が負ける」という発想から、両方が勝つ方法を模索しようとするものだ。それを創造的問題解決《クリエイティブ・プロブレム・ソルビング》と、呼んでいる。

「パイ取り合戦」で、六割四割、七割三割、あるいはフィフティー・フィフティーによって、パイを分けることを争う「ゼロ・サム・ゲーム」ではなく、分け合うパイ自体を拡大して、双方がもとの六割ずつとか、七割ずつ、場合によっては十割ずつ得られる戦略を考えようというものだ。

「ファジー」理論という概念も、ゼロか一《いち》か、オンかオフか、イエスかノーかという二者択一ではなく、「不明瞭」、つまり「どちらでもない」「分からない」という第三の選択肢をもとにしている。欧米人がこうした思考訓練を始めたのは、二者択一が対立を生み、戦争をも誘発してきたという、過去に対する反省があろう。

といっても、このようなイエスかノーかではなく、ウイン・ウイン方式とか、ファジー理論が説かれているのは、学界のごく一部のことで、圧倒的多数の欧米人にとっては、太古の昔から、神か悪魔か、AかBかという、一つしか正解がない世界に生きてきたから、二者択一の呪縛から、解放されていない。

そのうえ、日本人が「和」を重んじるために、寡黙《かもく》であることも、欧米人には「狡《ずる》いから、愚かだから」とか、「はじめから主張に怪しげな根拠しかない」「口を開く前から言い負かされているために、物を言わないのだ」と、受け取られてしまう。中国人や、インド人や、アラブの人々も、真っ当な人なら、饒舌《じょうぜつ》でなければならない。

それと反対に、日本ではお喋《しゃべ》りな男は、無教養であるとか、軽々しいとか、野卑《やひ》だと思われて、見下される。日本人の場合は、外の世界の人々よりも、もっと洗練されていて、互いに相手を察し合う、「和の文化」だからだ。

日本には、「以心伝心」とか、「空気を読む」という方法がある。はじめから、同じ

「心」を分かち合っているから、できることだ。

自己を主張するのではなく、相手の立場に立って、相手の思いを「察する」のだ。譲り合いは、日本人にとって、人間関係の基本である。きわめて日本的なものだ。

日本だったら、みな幼い時から教えられている「負けるが勝ち」という言い方も、欧米人や、中国人、韓国人には、まったく理解することができない。

もし、負けてしまったら、永久に敗者であり続ける。そうなったら、再び立ち上がることができない。だから、不毛なディベートに、死力を傾けるのだ。

ヨーロッパ諸語はみなそうだが、英語で「それは違います《ザッツ・ロング》！」——That's wrong! という時には、wrongは「間違っている」という意味と、人が死後に未来永劫、地獄で業火《ごうか》によって責められる「罪」sinという双方の意味を、兼ね備えている。

英語を身につけた日本人であったら、wrongという言葉を聞くと、さぞ一神教の厳しさに戦《おのの》くことだろう。

第2章　神々が相談する国

ばならない。

江戸時代に、日本独自の文化が成熟した

日本が世界の手本となるという話をする時には、何よりも江戸時代を、取り上げなければならない。

もちろん、人間の世界に理想郷が存在することは、ありえない。しかし、江戸時代の日本社会は、やや誇張していえば、もっとも理想郷に近かったといってよい。

それでも、多くの日本人までが、江戸時代というと、階級差別がひどく庶民が虐げられた「暗い時代」だったと思い込んでいる。だが、そのような事実は、まったくない。

日本独自の文化が円熟したのは、徳川《とくがわ》時代とも呼ばれている、江戸時代だった。

江戸時代は二六〇年以上も途切《とぎ》れることなく平和が続いた。このように平和な時代が長く続いた例は、世界のどこにも、まったく見られない。

江戸時代は、当時の世界のなかで、庶民がもっとも恵まれた社会を形成していた。

もちろん、これは日本の「和の心」だけが、もたらしたものではない。

日本列島が、争乱の絶えることがない大陸から、海によって隔《へだ》てられていたことに加えて、中華帝国がもっともさかんに周囲を侵略して、新疆《しんきょう》からチベット、ネパールまで膨張した、清《しん》の乾隆帝《けんりゅうてい》（在位一七三五－九六）の治世にも、日本に対して食指を動かすこと

がなかったという、幸運も働いた。

江戸時代のヨーロッパでも、アジアでも、戦乱が絶えなかった。そのあいだに、ごく短い平和な時期があっても、王侯貴族をはじめとする支配階級が贅《ぜい》に耽《ふけ》るかたわらで、庶民は下層で、ひたすら惨《みじ》めな生活を強《し》いられていた。そのうえ、ユダヤ民族を除けば、ほとんどの男女が、教育がなく、識字率もきわめて低かった。

ところが江戸時代に、日本の庶民は世界のどこよりも、自由で、豊かな生活を謳歌《おうか》していた。犯罪率が驚くほど低く、世界のなかでもっとも教育水準が高かった。

あのころの世界で、日本ほど人権が尊重されていた社会はなかった。

欧米では日本に対する無知から、江戸時代というと、西洋とまったく同じように、支配階級であった武士《サムライ》が庶民を抑えつけて、民衆の幸せを思いやることなく、勝手気儘《きまま》に振る舞っていた「封建時代《フユーダル・ソサエティー》」だったと、思い込んでいる。

宇宙の誕生を明かす『ふることふみ』とは

なぜ江戸時代に、日本は独自の文化を成熟させることができたのか。その秘密を知るために、読者を古代の日本まで連れ戻したい。驚くべきことに、日本は古代から、独自の文化を培《つちか》ってきた。日本文化が成熟するはるか以前に、江戸の成熟した文化をもたらす「種」が、日本では古代から蒔《ま》かれていた。

私は日本について学ぶうちに、日本を語る時には、さながらタイムマシンに乗って、『古事記』に記録された、日本のはじまりにまで遡《さかのぼ》らなければならないことに、気づいた。

読者は『ふることとふみ』といって、何のことなのか、分かるものだろうか？

日本最古の歴史書である『古事記』（七一二年成立）のことである。『古事記』は『ふることとふみ』と呼ぶのが、正しい。

日本人は大自然を神々として崇め、大自然と共生する生き方を選んできたとともに、いつの時代にも、職人的な高度な技巧や、技術が存在してきた。

私は、現在も見られる日本文化の特徴が、太古の時代から、培われたものだと思う。

話は飛ぶが、私が親しくしているサンマリノ共和国駐日大使マンリオ・カデロ氏についてお話ししたい。日本には一五七カ国の大使が駐在していて、それぞれの国家を代表しているが、どの国の首都においても、駐在大使たちが外交団を形成している。そのなかでとりわけ人格が高く、見識の豊かな大使が外交団長を務めるが、カデロ氏は、日本でその外交団長を務めて、もう四年になる。

外交団長は、多忙をきわめる。新任の大使の表敬訪問を受け、大使たちからの相談をさばく。宮中で国賓を招いて催《もよお》される晩餐会に、外交団を代表して、夫妻で出席する。

天皇皇后両陛下が海外を訪問される時は、外交団長として、空港でお見送り、お出迎えする。

天皇誕生日には、新宮殿の大広間の豊明殿《ほうめい》において、天皇皇后両陛下とお元気な成年皇族の前に、一五七人の大使とその夫人が並び、カデロ団長がエリザベート夫人とともに、その前に立って、陛下にお祝いの言葉を英語で述べたうえで、乾杯の発声を行なう。それから、立食のパーティとなる。

二〇一二年の天皇誕生日には、カデロ団長がお祝いの言葉として、「今年は、日本最古の歴史書である『ふることふみ』の一三〇〇周年のよき年に当たります。今日の世界は、不幸なことに、抗争が絶えません。願わくば日本神話の理想が、世界をあまねく照らしますように」と申し上げたうえで、乾杯の発声を行なった。

この天皇誕生日のシーンが、NHK総合テレビのニュースによって、取り上げられた。

立食になってから、両陛下がカデロ大使夫妻のところまで来られて、天皇が「素晴らしい言葉を、どうもありがとう」と感謝されると、皇后が「大使は日本の歴史を、よくご存知ですわね」と述べられたところが、放映された。

それもそのはずで、カデロ大使は、在京の外交団きっての知日家だ。カトリック教徒であるにもかかわらず、神道にも造詣《ぞうけい》が深い。二〇一三年に私財を投じて、母国のサンマリノ共和国に、神社を建立した。「サンマリノ神社」は、神社本庁が歴史上はじめてヨーロッパに建立した神社である。

大使は神道について問われると、「神道は宗教《レリジョン》ではなく、人が生きるべき道であって、エコロジーです」と、語っている。『古事記』に通じているのも、不思議ではないのだ。

だが、日本人のなかで、『古事記』に関心を払って、原文はともかく、現代語訳を読んだことがある者が、いったい何人いるものだろうか？

私が出会う日本人に、「『古事記』を読んで、深い感動を覚えました」と言うと、ほとんどの場合、意外だという顔をする。

『古事記』という本の存在だけは知っていても、読んだことはないというので、私のほうが驚かされてしまう。そして「ふることふみ」という読み方を知っている者が、一〇〇人に一人もいないことを発見した。

西洋人で大学教育を受けた者のなかで、聖書を読んだことがない者は、一人もいないだろう。

もっとも、西洋人はキリスト教の聖書を読まなければ、西洋人にならないが、日本人は『古事記』『日本書紀』を知らなくても、日本人でいられる。こうあらねばならない、という教典が存在していないのも、日本的なことだ。

私は日本人に『古事記』と、その八年後に編纂《へんさん》された『日本書紀』を、現代語訳で読むことをすすめたい。

私は以前、私にとってイギリス人の先輩である、バジル・ホール・チェンバレン（一八五〇－一九三五年）による『古事記』の英訳を手に取って、ページをめくってゆくうちに、目が大きく開かれる思いがした。

チェンバレンは、明治六年にお雇い外国人として来日して、東京大学の前身である、東京帝国大学などで教鞭をとった。私が生まれる三年前に、八十代なかばで、死去している。

チェンバレンはラフカディオ・ハーン（小泉八雲《こいずみやくも》）とも、交友があった。国歌『君が代』や、芭蕉《ばしよう》をはじめとする俳句や、和歌の翻訳によっても知られている。

『古事記』に描かれた日本のはじまり

『古事記』に描かれた日本のはじまりは、つぎのようなものだ。読者のために、要約しよう。

言葉では表現できないような太古に、中心となる神が現われた。その名は、アメノミナカヌシノカミ（訳注・天之御中主神）。

チェンバレンは、アメノミナカヌシノカミを、「ダエティ・マスター・オブ・オーガスト・センター・オブ・ヘブン」と、訳している。

その中心をとりまくように、陽《よう》の気の神であるタカミムスビノカミ《ハイ・オーガスト・プロデューシング・ワンダラス・ダエティ》（高御産巣日神）と、陰《いん》の気の神であるカミムスビノカミ《ディバイン・プロデューシング・ワンダラス・ダエティ》（神産巣日神）が、現われる。

まだ、地《アース》は若《ヤング》く、水に浮く脂《フローティング・オイル》のように漂っていたが、陰陽の気が回転をしはじめると竜巻《トルネード》が起こり、そこから生まれたのがウマシアシカビヒコジノカミ（宇麻志阿斯訶備比古遅神）だった。

そして、天を支えるアメノトコタチノカミ（天之常立神）が生まれる。ここまでの神々は、男女の性別がない独《ひと》り神《がみ》で、身を隠して姿を現わさないので、別天神《ことあまつかみ》と呼ばれた。

そして、地の根源神としてクニノトコタチノカミ（国之常立神）とトヨクモヌノカミ

（豊雲野神）が生まれた。この二柱も、独り神だった。

その後には、五組の男女ペアの神、計一〇柱の神が現われ、陰陽のさまざまな働きを担うが、その最後のペアがイザナギ《ヒズ・オーガスト・ネス・ザ・メイル・フー・インバイツ》（伊邪那岐）とイザナミ《ハー・オーガストネス・ザ・フィーメイル・フー・インバイツ》（伊邪那美）である。

これが、日本の「天地開闢《てんちかいびゃく》」の神話だが、読者はユダヤ・キリスト・イスラムの一神教の人格神の「世界創造」の神話と、まったく違うことに、気づかされたことと思う。

ユダヤ・キリスト・イスラム教の三つの宗教は、同じ神を拝んでいる。ユダヤ教の分派として、キリスト教が生まれ、ユダヤ・キリスト教から、イスラム教が誕生した。

一神教の人格神である創造主は、神として世界を創造してゆくが、日本神話では神は絶対神ではない。絶対的な神が、世界を創造するわけでもない。

自然に世界が生まれ、形成されてゆく――という自成の時に、その姿と働きによって「神の名」をつけたのが、日本の神話なのだ。そこには、大自然が形成される姿に驚愕《きょうがく》し、畏敬を感じた、古代人の感覚がある。

最新科学の宇宙創成《ビッグ・バン》理論との共通点

私は『古事記』を読んで、最新の近代科学との近さに、驚いた。今日、物理学者のあいだで定説となっている、「ビッグ・バン学説」とまったく変わらないことに、気づかされた。

そして、大宇宙といおうか、大自然が生みだすもののなかで、人間もまた生まれてくる。大自然のなかに、神々も、人間も存在しているのだ。この宇宙観が、今日に至るまで、日本人の信仰を形づくっている。

この宇宙的なスケールの神話の展開は、まさにダイナミックであり、二十一世紀の宇宙創成の科学理論に、酷似したものがある。

ユダヤ・キリスト・イスラムの一神教の絶対的な人格神による「創造神話」と比べると、日本の神話のほうが、近代科学がもっとも有力な学説としている、宇宙創成の姿に似ているのだ。

どうして、古代の日本人が、このような宇宙創成の物語を思い描くことができたのだろうか。想像力によるのか、それとも霊感によるものだったのだろうか。

このように私が神道に惹《ひ》かれるのは、あるいは私がキリスト教の一派である、クエーカー教徒であることも原因になっているかもしれない。クエーカーは日本のなかに、ごく自然に受け入れられた。

「ボーイズ・ビー・アンビシャス！（青年よ、大志を抱け）」の言葉で知られる、札幌《さっぽろ》農学校のウィリアム・クラーク博士が、クエーカー教徒だった。その薫陶《くんとう》を受けた新渡戸稲造《にとべいなぞう》も、岡倉天心《おかくらてんしん》も、クエーカー教徒となった。

クエーカー教徒は聖書も読むが、その教義によって束縛されることはない。

一般にキリスト教会のイメージといえば、祭壇から説教をする神父や牧師と、それを聞く信徒である。福音《ふくいん》伝道師などは、熱狂的に聖書の言葉を語り、信徒に賛同することを求め、教義を受け入れるように迫る。

しかし、クエーカーの集会は、まったく異なっている。教会に集まって祈り、瞑想《めいそう》をする。説教をする教師はいない。

いるのは先達《エルダー》だけで、出席者はそれぞれが瞑想中に感じたことなどを、自由に述べるのだ。

先達は教えを強制したりすることはなく、むしろ司会者か、モデレーター（調停者）を務める。一人の者の話が長かったり、場違いに熱を帯びると、先達が「他の人の話も聞いてみましょう」と、促したりする。

こうしたクエーカーの、教義を強要しない、瞑想的で霊感するところや感じるところを自由に語れる雰囲気が、きっと日本人に好感をもって受け入れられたのだろう。

私は逆にクエーカー教徒だったから、神道には惹かれるものがあるし、そのありかたにしっくりとしたものを感じている。

太古の日本文明は、驚きでいっぱい

日本人は『古事記』が成立する以前から、独自の文化を編みだしていた。

日本文化の素晴らしさは、四〇〇〇年以上前の縄文時代にまで遡《さかのぼ》ると思う。

私は女優の村松英子《むらまつえいこ》氏、ジャーナリストの櫻井よしこ氏、音楽家のすぎやまこういち氏、弁護士のケント・ギルバート氏、作家の百田尚樹氏らとともに、自由社の中学校用『新しい歴史教科書』を応援している。カラー写真も豊富で、見るだけでも楽しい。私はこの教科書を、はじめから終わりまで、発行元の関係者に手伝ってもらって目を通した。

そのなかで、とくに縄文時代に関心をもった。とりわけ目を見張ったのは、青森県にあるという三内丸山《さんないまるやま》遺跡だった。まず、巨大な木の柱を組んでつくられた四階建ての建築物である「大型掘立柱建物」がある。もちろん、復元されたものだ。

遺跡では直径二メートル、深さ二メートルの柱の穴が、四・二メートル間隔で六つ発見された。その柱の穴から推定して、復元した建物の高さは十五メートルある。その想定が正しければ、現在の建築物で一階分が約三メートルとすると、三内丸山遺跡の建物は、五階建てのマンションの高さに相当する。

私が日本に来たころにいだいていた、古代日本のイメージといえば、狩猟生活の縄文時代をへて、稲作が始まり、人々が定住するようになった弥生時代あたりから文明が始まるというものだった。

ハンチントン教授と同様に、そうした時代は二世紀とか三世紀とか、いずれにしても紀元前ではなく、西暦の紀元後のことだと思い込んでいた。英文の解説書にも、そう書かれている。

狩猟採集時代は、もっと遡るかもしれないが、いずれにしても、日本で文明がはじまったのは、二、三世紀と思い込んでいた。それでも、イギリスやアメリカと比べたら、はるかに古い歴史をもつことになる。

ところが、日本の歴史はもっと古いのだ。いや、エジプトや、メソポタミアや、黄河といった世界史の最古の文明と競うものだと分かってきた。

私は『新しい歴史教科書』の市販本によって、三内丸山遺跡の存在を、はっきりと認識した。その年代は、「今から五千五百年前から四千年前ごろまでの約千五百年」と、書かれている。さらっと書かれているが、このことは日本文明の起源が世界史から見ても、とんでもないものであることを意味している。

ユダヤ教にとって唯一つの聖書《トラ》は、キリスト教にとっての旧約聖書だが、そこに描かれた歴史は、およそ六〇〇〇年と言われる。

二〇一五年十月が、イスラエル国家が公式の暦としているユダヤ暦の五七七六年の新年に当たった。ユダヤ暦のゼロ年は、全能の神がこの宇宙を六日をついやして、創造された時から始まっている。

もちろん、神話であるが、ユダヤ教によれば、この宇宙が誕生してから、五千七百七十六歳でしかないのだ。

ところが、三内丸山遺跡は聖書時代のはじまりのころに、五階建てマンションと同じ高さの建物を、建築していた。まさに「文明」である。古代の日本文明が建てた「バベルの塔」ならぬ、「アオモリの塔」なのだ。遺跡という物的証拠が、証明している。

世界四大文明よりも古い日本の文明

日本文明の起源は、いったい、どこまで遡るものだろうか。

小名木善行《おなぎぜんこう》氏の著書『ねずさんの昔も今もすごいぞ日本人！』（彩雲出版）に写真が載っているが、「槍先型尖頭器」という、群馬県で発見された「磨製石器（「打製石器」と位置づけられている）」は、三万年前のものとされている。

「磨製石器」は、これまで知られているかぎり、人類最古のものだが、どうして、日本に存在しているのだろうか。

また日本列島では、一万数千年前から土器がつくられていた。

三内丸山とは別の青森県の遺跡（大平山元《おおだいやまもと》遺跡）で発見された土器は、炭素年代測定法によって、一万七〇〇〇年前のものと判明している。これも、世界最古の例の一つとなる。

二〇一三年にイギリスと日本の共同研究チームが、北海道や福井県で発掘した土器は、約一万五〇〇〇年前のもので、世界最古と思われる加熱調理の痕跡も発見された。

日本の文化は、縄文文化をもって最古とするというのが、常識だった。しかし、太古の文明の存在をしめす証拠は、縄文時代以前の層から発見されている。日本文明が一万数千年前より、さらに遡ることを示している。

「縄文時代」についていえば、その遺跡から、戦争のための武器がほとんど出土しないことは、特筆すべきことだ。もちろん、このあいだに流血の抗争もしばしば起こったことだろう。しかし、それを示すような遺物はなく、日本列島では、日本の外の世界と較べて、流血の抗争が少なかったと推測される。

それにしても、一万年以上もほぼ平和が続いた文明は、われわれの想像を絶する。縄文人は山海の幸に恵まれ、シカ、イノシシ、ウサギなどの多くの動物が生息していたため、狩猟や漁労も盛んで、食べ物に不自由しなかった。自然の恵みが豊かだったことも、抗争が少なかった理由を、説明するものだろう。

きっと、日本人の「和」を大切にする文化は、この縄文時代に育《はぐく》まれたのだろう。

前述の『新しい歴史教科書』には、日本の古代文明の存在を示す、さまざまな出土品の写真が掲載されている。

まな板を台形にしたような形の「石皿」は、木の実をすりつぶす時に使われたと思われる。推定年代は、約一万二〇〇〇年前だという。これは、聖書の世界である六〇〇〇年前の倍も古い。西洋人なら笑いとばすだろう。だが問題は、物的証拠があることだ。

そのような時代に、極東の島国に文明が開化していたと、信じる者はまずいない。世界史で古代四大文明として知られる、エジプト文明（紀元前三〇〇〇年ごろ）やメソポタミア文明（紀元前三五〇〇年ごろ）、インダス文明（紀元前二三〇〇年ごろ）や、黄河文明（紀元前五〇〇〇年ごろ）と比較しても、日本には、より古い文明があったことになる。

そんな史実は「あってはならないし、ありえない」とするのが西洋史である。

三内丸山遺跡からは、一〇〇〇棟以上の住居の跡が見つかった。三五棟の高床式倉庫、一〇棟以上の大型建物の跡もあった。一五〇〇点の土偶、一万点以上の土器、その他にも高度な技術でつくられたさまざまな木製品、貝の装飾品、動物の骨や角でつくった釣り針などが出土している。

そのなかには、ヒスイの加工品も含まれている。ヒスイは、鋼鉄よりも硬い。加工に高い技術が求められる。世界史のなかで、古代にマヤ文明と日本文明だけが、ヒスイの加工技術を持っていたといわれる。

ヒスイの加工品は、三内丸山遺跡のほかにも、日本各地の遺跡から出土している。そのなかの一つである「ヒスイの大珠」は、驚くべきことに推定約六〇〇〇年前のもので、世界最古の例となっている。

日本は太古の昔から、高度な文明の技術を持っていた。

日本では、神々も話し合いで物事を決める

日本では今日まで、自然崇拝《アニミズム》が続いている。神道は、自然を拝む多神教だ。西洋の宗教学では自然崇拝は原始宗教と呼ばれて下位に見られ、一神教のユダヤ・キリスト・イスラム教を「高等宗教」としている。

人格神を戴《いただ》く一神教が、世界に間断のない戦争や殺戮《さつりく》を繰り広げて、血みどろの世界史をもたらしてきた。

ユダヤ・キリスト・イスラム教の一神教では、神が人間を自然の支配者として、創造された。人間は自然の所有者であって、自分たちのために自然を、恣《ほしいまま》に使用する権利を与えられてきた。

ところが、日本では万物が対等なのだ。「お猫さん」「お犬様」「お猿さん」「ママ！　トンボさんをつかまえたよ！」と言うように、動物や昆虫にも、人と同じように「さん」や「様」をつけて呼ぶ。世界のなかで、日本一国だけに見られることだ。

針やミシンも、まるで人と同じように扱われて、神官や仏僧によって供養が行なわれ

る。ありとあらゆるものに、神が宿っているのだ。

神道では森羅万象、あらゆるものが神として尊ばれる。アニミズムの語源であるアニマは、精霊のことである。

神道では、「八百万《やおよろず》の神々」と呼ばれている。「八百万」は「多くの」という意味で、比喩として使われている。

数多《あまた》の神々のなかには、人々に技術をもたらしてくれた神々もいる。神道では、穀物をつくる技を教えてくれた神、学ぶ道を示してくれる神、酒造りを教える神、木工術、金工、石工、機織《はたおり》、商い、漁労、薬の調合を教える、さまざまな神々が、称《たた》えられた。

日本は歴史を通して、話し合いで物ごとを決めてきたが、その原点は日本神話にある。

アメリカが日本占領によって、日本に民主主義をもたらしたなど、「たわけごと」そのもので、無知をさらけだしたものでしかない。

欧米人は、日本人と交渉する時に、日本人が物事を決めるのに、西洋と比べて長い時間を必要とするのに苛立《いらだ》つことが、よく知られている。

だが、もともと日本の神々は「神議《かむはか》り」と言って、そのつど合議によって、方針を決めている。

太陽神である天照大御神が、天《あま》の岩戸《いわと》のなかに隠れた時に、全宇宙が暗闇にとざされた。

慌てて高天原《たかまがはら》に集《つど》った八百万の神々が、会議を持った。

岩戸の前に、雄鳥《おんどり》を集めてきて鳴かせるとか、肉体美の女神が滑稽な裸踊りを演じるとか、さまざまな案が試されたうえで、ついに大御神が岩戸から出てきて、世界に再び光が戻った。

岩戸隠れ事件を引き起こした、大御神の弟のスサノヲノミコト（須佐之男命）をどうしたらよいのか、やはり神々が合議する「神議り」が行なわれた。

神道は、一神教とまったく違って、民主的な宗教なのだ。

今日、日本国民の多くの者が、日本神話というと、「非科学的だ」と言って斥《しりぞ》けてしまうが、神道は日本人の深層心理を形づくっている。

六〇四年に聖徳太子によって制定された『十七条憲法』では、その第十七条で「大切なことは、みんなでよく相談して決めなさい。全員が合意したことは、正しい」と、定めている。

これは、世界最古の民主憲法だといえる。

だが、聖徳太子がある日、思いついて書いたものではないだろう。当時の日本人がいだいていた考え方を、太子が述べたものであるはずだ。

『十七条憲法』は、天の岩戸の前で八百万の神々が集まって「神謀り」を行なった、その精神の延長線上にある。

江戸時代は、庶民出身の多くの優れた学者が現われたが、農民だった二宮金次郎《にのみやきんじろう》（一七八七―一八五六年）も、その一人だった。

二宮金次郎は「君《きみ》ありて、のち民あるにあらず。民ありて、のち君おこる。蓮《はす》ありて、のち沼あるにあらず」と、説いている。このような民主的発想は、同じ時代のアジアや、ヨーロッパでは、とうてい考えることができない。

二宮金次郎が、革命家であったわけではない。日本人なら誰でも、そのような思いをいだいていたのだった。

仕事にいそしむ日本の神々

日本人は勤勉なことで、世界によく知られている。

日本では支配階級であった武士も、畑を耕すなど、肉体労働《レイバー》に従事した。このような労働観は、日本の独特なものだ。だが、その原点も神話にある。

それに対して、中国と朝鮮では、肉体労働は下層民が行なうこととされて、蔑《さげす》まれた。支配階級の者は体を動かして、汗を流すことを恥じた。ところが神話のなかで日本の神々は、それぞれの仕事にいそしんでいる。

ここが、労働《レイバー》を罪の償《つぐな》いととらえる聖書と、まったく違う。聖書では、アダムとイブが犯した罪のため、男《アダム》は日々の糧《かて》を得るために額に汗して働《レイバー》き、女性《イブ》はその罪の償いとして、出産の時に、陣痛《レイバー》を科せられた。その原点も聖書に書かれた「神話」にある。英語でも労働と陣痛は、同じ「レイバー」labor である。

ユダヤ・キリスト・イスラム教徒は罪が許され、つらい労働《レイバー》をしないですむ天国《ヘブン》へゆくために、神を奉《たてまつ》っているのだ。

ところが、日本人にとって、労働は喜びである。神々が率先して、労働に従事している。このような高天原の姿は、ユダヤ・キリスト・イスラム教徒には、とうてい天国とは思えないだろう。

私の故郷には、アーサー王の碑があり、父の名前が刻まれている。

アーサー王の事績は、イギリス人にとって、「神話」である。史実かどうか、歴史的に確定できない逸話が多い。

しかし、父はアーサー王のいわば「神話」を、大切なものとして顕彰したのだった。私も、その父の思いを継承している。それが、国民の歴史であり、「英雄譚《たん》」なのだ。

人々の精神は、そうした物語や、神話によって育まれてゆく。共同体の集合意識が、美意識や、情緒として共有されてゆくものだ。それが、何千年と断絶することなく、代々継承されてきた民族の宝だ。

日本における天皇という存在

日本といえば、世界中で、天皇《エンペラー》と日本刀《サムライ・ソード》によって、知られている。

この二つは、日本文化の特色を彩る、きわめて重要なキー・ワードである。

天皇といえば、少なくとも、古代に大和《やまと》朝廷が成立してから、単一の王朝が二十一世紀の今日まで続いている。いうまでもなく、世界で他に例がない。

世界も、天皇家が「世界最古の王朝《ザ・ワールズ・オールデスト・ダイナスティ》」であることを、認めている。

天皇は古代から宗教的な権威と権力の双方を、ともに手にしていた。

天皇は中世に入って、武家政権が登場するようになっても、十四世紀までは、権力に深くかかわっていた。織田信長《おだのぶなが》、豊臣秀吉《とよとみひでよし》が権力を確立すると、宮廷は権力を完全に失ってしまった。

天皇はそれにもかかわらず、日本の絶対的な精神的なオーナーとして、強い権威を備えつづけた。絶対的な権力を握った武家も、権威の前にひれ伏さなければならなかった。

先に紹介したサンマリノ共和国のマンリオ・カデロ駐日大使は、二〇一三(平成二十五)年の天皇誕生日では、新宮殿の豊明殿において、次のようにお祝いの言葉を述べた。

「陛下は百二十五代目に当たられますが、代々の天皇は、全員がみな優れた詩人であられました。国歌『君が代』は、『新古今和歌集』(一二〇五年)にある詩ですが、小さな細石《さざれいし》が集まって一つの大きな巌《いわお》となって結ばれるさまをうたうことによって、人も、世界も、そうあれと願っています。願わくは、この詩の平和の心が、世界にあまねくひろまりますように」

どの天皇の和歌も、一つとして例外なく、日本と世界の安寧と平和を祈ってきた。天皇の詩は詩の形をとった、祈りなのだ。

ドナルド・キーン教授(二〇一二年に日本に帰化し、二〇〇八年に文化勲章を授けられた)が、明治天皇の伝記を著している(『明治天皇』新潮社)なかで、明治天皇が生涯で五万首もの和歌を詠んだことに、触れている。

昭和天皇も、天皇として優れた歌人の一人だった。太平洋戦争中も、多くの和歌をつくられたが、そのすべてが平和を願ったものである。日本軍の勝利を祝ったり、好戦的なものが、一つとしてない。

ここにも、日本文化の基本となっている、争いや対立を何よりも嫌い、「和」を重んじる心が、現われている。

このように歴代の皇帝や王が詩人であるのは、外国ではほとんどありえないことだ。やはりこれは日本について独特なことで、驚かされる。

日本の天皇にとって、もっとも重要なことは、神々に奉仕する神事を行なうことと、和歌を詠むことだ。天皇たるものの、絶対的な条件だ。この二つを行なわなければ、天皇としての資格を、欠くことになってしまう。

私は、民間から皇族に嫁いだ妃殿下の一人と親しくさせていただいているが、「皇室の一員となってもっとも苦しんだことが、皇室の一員の義務として、和歌を詠まねばならないことでした」と、言われた。

私はしばらくして、日本の天皇を英語で「エンペラー」と訳して呼んでいることが、世界で誤解を生んでいることに、気づいた。

「エンペラー」（皇帝）が、多民族から構成される「エンパイア」（帝国）を統治しているのに対して、「キング」は一国の君主を指している。

天皇は文化人類学でいうプリースト・キング（祭祀王）であって、チベットのダライ・ラマにもっとも近い存在であると思う。

ダライ・ラマは、チベット仏教の信仰上の聖なる統治者である、活《い》き仏《ぼとけ》である。天皇の地位は血統である皇統によって継承されるが、ダライ・ラマは霊的な系譜であって、死去すると、その霊が同じ時刻に誕生した赤児のなかに転生することによって、後継ぎとして奉戴《ほうたい》される。

どの国であれ、君主には、その民族、あるいは民がそうあってほしい理想像が、宿っているものだ。

日本人は和を尊ぶために、できるだけ自己を主張しないように、つとめる。誰にとっても、私欲を抑えることが、美徳となっている。日本以外では、庶民も利己的で、できるだけ財を手に入れたいと望む。

中国人の理想といえば、一族が栄え、食生活をとっても貪欲《どんよく》に享楽を求め、現金であれ、不動産であれ、金銀宝石を蓄財することだ。これは、習近平《しゅうきんぺい》国家主席をはじめとする、中国歴代の最高指導者と、その一族のありかたを見れば、分かることだ。

日本の天皇には、外国の君主のように、個性があってはならない。オードリー・ヘップバーンのヒット映画『ローマの休日』に、ローマの「トレビの泉」が登場したが、誰であれ、コインを投げ込んで願えば、願いがかなうことによって知られている。

天皇はこの泉のように、万人の天皇であって、万人が願いを託《にく》することができる対象である。そのために、外国の君主のように、個性を持つことがあってはならない。

日本の象徴としての日本刀

日本刀も、世界の刀剣のなかでは、特異なものだ。いってみれば変種である。

日本人ほど、キモノ（女性の和服）から、料理、食器まで、日常生活のなかで、美意識が発達している国民は、他にいない。日本刀は武器であるよりも、美術品である。

私が親しい刀匠《ソード・スミス》（刀鍛冶）によれば、日本には国宝《ナショナル・トレジャー》が一一〇〇件（訳注・点数ではなく、件数で数えられる）ほどあるという。そして、このなかで工芸品が二五〇件前後を占め、その約二分の一が、日本刀や、鍔《つば》などの日本刀に付属するものである。

私は後に文部科学省に問い合わせたが、その通りだった。日本刀は、日本の工芸をもっともよく代表するものなのだ。

刀身は、じつに美しい。刀身を見つめていると、微妙な刃文の美しさに、魂が吸い込まれてしまうような思いがする。

私が日本刀を知るようになったのは、親しい友人となった、三島由紀夫のおかげだ。三島は私を私邸に招くと、しばしば自慢の名刀を取り出してきて、見せてくれた。重要文化財クラスの逸品だとのことだった。

私は日本刀について何冊か本を読んだが、室町時代中期以後は脇差しを除いて、太刀《たち》が実戦に使われることは、ほとんどなかったというのが、定説となっている。刀身が薄く、繊細なので、曲がりやすく、刃毀《はこぼ》れしやすい。

鉄砲が登場すると、弓矢にとってかわられたほかに、戦場の主役は槍《やり》と薙刀《なぎなた》だった。しかし、日本刀はその美しさゆえに、戦国時代が終わっても、武人の魂とされた。

日本刀がもっとも多く使われたのは、屋内や街路で、鎧《よろい》もつけずに斬り合った、幕末の京都だったという。

先の刀匠は、「実戦に使われなかったからこそ、古いよいものが、たくさん遺《のこ》っているんですよ」と言って、どうして国宝のなかで、日本刀が圧倒的に多いか、笑いながら説明してくれた。

もし、日本刀が実用的な武器であって、ただ人を殺《あや》める武器として常用されていたとしたら、武士の魂を象徴するものには、ならなかったにちがいない。

三島由紀夫が、市ヶ谷台《いちがやだい》の自衛隊の司令部で自決した時に、手にしたのは日本刀だった。

私は三島の自宅を、何度も訪れた。

「ヘンリー、そこに座れ」と言って、私を洋間の床に正座させた。

私は三島に誘われて、剣道や空手の稽古をしたことがあったので、長い時間でも正座することができた。

ある時、三島が背後から、日本刀を一閃《いっせん》振り降ろして、私を介錯《かいしゃく》する真似をしたことがあった。とても、生きた心地がしなかった。

三島は一連の仕種《しぐさ》を終えると、いつものように愉快そうに、哄笑《こうしょう》した。

私は日本刀が武士の魂であるのならば、そんな冗談のように、軽々しく刀を振りまわさないほうがよいと思った。

その後、三島が製作して自演した映画『憂国』のなかで、切腹の場面を演じたから、その練習の一環だったのだろうと、思うことにしている。

だが、もし、三島がいま防衛省がある市ヶ谷台でピストル自殺をしていたら、「日本人の魂」を感じさせることは、できなかっただろう。やはり、日本刀で事《こと》に臨《のぞ》んだから、衝撃的だった。

切腹は、覚悟の行動だった。三島は、書くことだけでは訴えられない表現を、行動することによって、世に問題提起した。三島由紀夫は、武人であったか。私は最終的な評価を決めていない。

だが、日本刀で事に臨み、日本刀で自裁までして訴えたことには、重みがある。

「日本から学ぶべき一〇項目」

二〇一四年のことになるが、ちょうどこの本の構想を練っていた時に、私の従兄弟《いとこ》のマーチン・バローが、旭日中綬章を受章した。

天皇から授与された理由は、英国で日本文化を広めることで、日英親善に貢献したことだった。

マーチンは、ジャーディン・マセソン商会日本社長などを務め、イギリス商工会議所の日本代表でもあった。ジャーディン・マセソン商会というと、幕末から日本にも深く関わった。長崎のグラバー商会が、代理店だった。

マーチンは、東日本大震災の直後に、日本人の姿に感動して、『日本から学ぶべき一〇項目』を、知人たちに発信した。

「一、おだやかさ《カーム》　号泣し、泣きわめく姿をまったく見ることがなかった。個人の悲しみを内に秘め、悲しみそのものを昇華させた。

二、尊厳《ディグニティー》　整然と列をつくって、水や食料が渡されるのも待った。罵詈雑言《ばりぞうごん》や、奪い合いは、一切なかった。

三、能力《アビリティー》　驚くべき建築技術。建物は揺れたものの、倒壊しなかった。

四、気品《グレイス》　人々は、必要なものだけを購入した。買い占めることなく、そのため、すべての人が必要なものを手にすることができた。

五、秩序《オーダー》　車がクラクションを鳴らしたり、道路を占拠したりすることがまったくなかった。

六、犠牲的行為《サクリファイス》　福島第一原発で事故が起きた時に、五〇名の作業員が海水を注入するために、逃げずにその場で作業を続けた。彼らの犠牲的行為は、どう報いてあげられるだろうか。

七、優しさ《テンダーネス》　食堂は値段を下げ、ATMには警備がつくこともなく、そのまま使えるようにされた。弱者には、特に助けが差しのべられた。

八、訓練《トレーニング》　老若男女の別《わ》け隔《へだ》てなく、すべての人々がどうすれば良いかが分かっており、その通りに行動した。

九、媒体《メディア》　メディアは、冷静かつ穏やかに報道をした。

十、良心《コンスィエンス》　店で買い物をしている人たちは、停電になると、手にしていた商品を棚に戻して、店を出た」

江戸時代、住民五〇〇〇人に警官は一人

全世界が驚嘆して賞讃した、東日本大震災の被災民の行動の雛型《ひながた》は、江戸時代にあったのだ。考えられないような公徳心の高さは、江戸時代からそうだった。

共著者の加瀬氏は、江戸時代の研究者である。私は加瀬氏の英訳されている著書から、多くを学んだが、そのデータは驚くべき史実を物語っていた。

天明六（一七八六）年に、江戸の人口調査が行なわれているが、武士と町人をあわせて、一三七万人ほどだった。そのうち、七〇万人あまりが、町民だった。

江戸はテレビのドラマなどにもよく出てくるが、南北二つの「町奉行所」が、月ごとに交替する「月番制」で、町人の治安にあたっていた。この奉行所が、今日の警視庁にあたった。

二人の奉行とそれを支える「与力《よりき》」という武士の管理職が五〇人、その下に一二人のやはり武士の「同心」に加えて、三〇〇人ほどの町人の岡《おか》っ引《ぴ》きと、下《した》っ引《ぴ》きが働いた。この人数は、明治に入るまで変わらなかった。

南北の奉行所は隔月交替制なので、実際に奉行所に詰めているのは、その半数だったから、およそ七〇万人の町民の治安を、わずか一五〇人の警官が守っていたことになる。およそ住民五〇〇〇人弱に警察官が一人である。

今日、人口が一二〇〇万人の東京都は、四万六〇〇〇人の警視庁の警官によって、治安が守られている。ざっと、二六〇人に一人という割合になる。

驚かされることだが、江戸時代の日本人は、公徳心が高かったからこそ、社会の秩序がよく保たれ、犯罪がきわめて少なかった。

共同体のなかで、互いに気持ちよく生きてゆくためには、自己中心的であってはならない。尊重しあうことが大切になる。江戸時代の二六〇年に及ぶ平和のなかで、そうした共同体の生活のルールが、今日まで続く日本人の精神性をつくってきたのだ。

江戸では町人の七五パーセントが、「長屋」に住んでいた。長屋は同じつくりの小さな家をつなげて、一棟としていた。薄い壁だったので、隣りを気遣う必要があった。人々は長屋が一つの家族のように、子どもたちを世話した。悪さをすると、自分の子も他人の子も、別け隔てなく叱った。

いま、日本の大都会のマンションでは、住人の生活が孤立している。

阪神淡路大震災では、犠牲者の多くが若者だった。近所づきあいがなかったことが、その理由だった。隣りに誰が住んでいるか、お互いに知らない共同住宅での生活が、救助を手間どらせた。誰が住んでいるのか、その時間に帰宅しているのか誰も知らず、把握できなかった。

東北地方では、都会のように人々が、隣り合って住んでいない地域も多い。隣家との距離が離れていても、地域としての共同体の生活のありかたが、日本の従来の姿を残している。

日本では、「自制」が尊ばれる。日本では、「世間体《てい》」が、倫理基準の一つとなっている。「世間」というのは抽象的な概念だが、共同体と置き換えることができる。共同体の「和」を乱すことは慎むことが道徳律なのだ。

自分だけが利益に預かろうとしないのも、共益を尊ぶところから生まれたのだろう。他人の気持ちを「察する」のも、共同体の生活に根差したものだ。

将来、首都直下型地震が起こった時に、東京で東日本大震災の時の東北のような姿を見ることができるものだろうか、暴動にまでいたらなくとも、大きく混乱するのだろうか。

「イエス、バット」という日本人

先にも触れたが、日本人には、「曖昧《あいまい》」の美学がある。もっとも私が、これが美学だと気づいたのは、かなり後になってからのことだった。

白か黒かハッキリさせないという、美学だ。これには日本に来た当初は、とても困惑した。

「イエス、バット（YES、BUT）」というのは、西洋人だったら誰でも「?」と、怪訝《けげん》に思う。いったい肯定なのか、否定なのか、さっぱり分からない。

いまでは、日本経済新聞に買収されたが、一九六五年に『フィナンシャル・タイムズ』の東京支社を立ち上げたのは、私だった。

まだ二十代半ばだったが、世界一の経済紙の東京支社長という立場を利用して、大手企業のトップから日銀総裁まで、いとも容易に大物財界人と会うことができた。

東京オリンピックが開催され、高度経済成長期に入っていた日本は、経済ジャーナリストにとって、実に魅力的な国だった。私が魅力的だと思ったのは、欧米にとって「謎」に満ちていたからだった。

第二次大戦の原爆投下や空襲で焦土と化した日本は、二〇年で完全に復活していた。一九五二年四月二十八日のサンフランシスコ講和条約発効によって主権を回復してから、まだ一三年しかたっていなかったが、日本の復興は目覚ましかった。

経済人には、英語に堪能な人も多かった。そこで「イエス、バット」という矛盾について尋ねてみると、どうも、「イエス、バット」というのは、「ノー」に近いということが判明してきた。

西洋人は、それだったら「ノー」とストレートに言えばいい、「イエス、バット」と言うのは、「ごまかし」であり「不誠実」だと言う。

しかし、そこが「察する文化」の洗練された日本なのだ。ストレートに「ノー」と言うことなしに、相手に察してもらおうとする。きいているほうも、「イエス」と言っているが、どうもこれはノーなのだと、気を働かせて察していく。

これが、日本人の意思疎通の仕方なのだと、次第に分かってきた。

日本人が「難しいですね」と言うのを、英語の「イッツ・ディフィカルト」だと思ったら、とんでもないことになる。

ほとんど「ノー・イッツ・ノット・ポッシブル（それは不可能です）」という意味だ。日本人はストレートに言わずに、「難しい」と言って、察してもらおうとしているのだ。「ウソつき」と思っては、ならない。「察する文化」では、それは真っ向から「ノー」と言って相手を落胆させないようにとの、親切心の表われでもあるのだ。「和」による人間関係だ。

日本の復興の裏に、「イエス、バット」があったのかもしれない。

「和」の文化の落とし穴

もっとも、私は日本人の「和」のすべてが、よいとみなしているわけではない。

日本人の「和の心」には、危険な、深い落とし穴がある。

それは日本人が、この「和の心」のために、しばしば、わけも分からずに付和雷同《ふわらいどう》しやすいことだ。

私は先の大戦中と、日本がアメリカの占領下で復興に取り組んでいた時の、古いニュース映画を観たことがある。

大東亜戦争が始まってから、わずか三カ月後の一九四二（昭和十七）年二月に、日本軍はイギリスによるアジア支配の要《かなめ》であったシンガポールを、攻略した。その時に東京では、群衆が大通りを埋めて、手に手に提灯《ちょうちん》を掲げて、「シンガポール陥落」を祝う行列が、行なわれた。

そのわずか九年後に、マッカーサー元帥がトルーマン大統領によって占領軍総司令官を解任されて、宿舎としていたアメリカ大使館から、羽田空港へ向かった。

すると、同じ日本人の大群衆が羽田空港まで沿道を埋めて、マッカーサー元帥の車列を「サンキュー！」「ありがとうございました！」と歓呼して、見送った。

それにしても、あの時の日本の大新聞のマッカーサーを崇《あが》め奉った社説や、記事を読むと、その新聞の煽情的な論調には、同じジャーナリストとして顔が赤らむ思いがする。大新聞の一つは、コラムで「マッカーサー神社」を建立することを、主張していた。

朝日新聞、読売新聞をはじめとする日本の全新聞が、シンガポール陥落の時と、マッカーサー元帥の離日の時に、まったく同じように皇軍《インペリアル・アーミー》と、マッカーサー元帥の偉業を誉め称えて、読者の感情を煽《あお》り立てる紙面をつくった。

このような日本のマスコミの煽情的な報道の姿勢は、いまでも変わっていない。

二〇〇九（平成二十一）年の総選挙によって、民主党政権が誕生した時には、新聞とテレビがそろって「政権交代！」を、煽り立てた。

そのあとの総選挙で、橋下徹《はしもととおる》氏の「維新の党」と、渡辺喜美《わたなべよしみ》氏の「みんなの党」が、大量得票した時も、同じことだった。

そういう時に、新聞やテレビが常套句《じょうとうく》として使う「風が吹く」とか、「風が吹いた」という表現は、日本にしかないものだ。

このような現象は、「和」が悪い方向に働くことによって、もたらされるものだ。

日本のマスコミは、日本人の付和雷同しやすい「和の文化」の負の面を、食い物にしている。

二〇一五年に、安倍政権の「安保関連法案」の審議をめぐって、毎日、国会のまわりを取り囲んだ老若男女も、メディアの煽動に乗せられたという意味では同じことだったのだろう。デモの参加者のなかで、問題の法案を手に取って読んだ者は、おそらく、ほとんどいなかっただろう。

第3章　世界に類《るい》のない「自制」の文化

日本人を特徴づける「自制」の文化

ドイツの考古学者で、トロイアの遺跡の発掘で有名なハインリッヒ・シュリーマンは、幕末の日本を訪れて、旅行記のなかで次のように述べている。

「この国には、行き渡った満足感、豊かさ、完璧な秩序、そして世界のどの国にもましてよく耕された土地が見られる」

アメリカの動物学者エドワード・モース（一九二五年没）は一八七七（明治十）年から日本に滞在して、東京帝国大学で動物学の教鞭をとり、「日本の近代動物学の父」といわれている。

モースは『日本その日その日』という回想録をのこしている。

隅田川の川開きの日に、花火が打ち上げられ、見物の船が隅田川《すみだがわ》いっぱいに浮んでおり、船同士がぶつかり合っていた。アメリカだったら罵詈雑言が飛び交うところだが、

「船頭達は長い竿で、舟を避け合ったり、助け合ったりしたが、この大混雑の中でさえ、不機嫌な言葉を発する者は一人もなく只『アリガトウ』『アリガトウ』『アリガトウ』、或《あるい》は『ゴメンナサイ』だけであった」とモースは述べて、日本人の「和の心」に感嘆している。

日本語には、人を罵倒する時に、用いる語彙《ごい》が、驚くほど少ない。「バカ」「この野郎」

「死んでしまえ」「糞《クソ》」ぐらいしかない。

これが英語などのヨーロッパ諸語や、朝鮮語、中国語になると、相手を罵《ののし》ったり、叱ったりする時の語彙が、数限りなくあるという。アメリカ人も、イギリス人も日常生活のなかで、罵倒語を連発するものだ。

このようなところにも、日本人の「和の心」が、よく現われている。

私はしばらく前に、ウィンストン・チャーチル夫妻がやりとりした手紙を、読む機会があった。そのなかで、イギリス人としてとても受けいれ難い、醜い言葉が発せられていることに驚いた。

またチャーチルは、日本人を侮蔑的、差別的な表現で、これでもかというほど罵詈雑言や罵り言葉を吐いて、侮蔑していた。私はショックを受けた。

アメリカ映画でも罵り言葉が連発され、聞くに堪えない。日本ではアメリカ英語がよく聞かれるが、とくにアメリカ英語は、品性がない。

息子のハリーが番組をもっていたＦＭラジオの『Ｊウェーブ』や米軍放送の『ＡＦＮ』などの英語は、アメリカ英語が多い。英語をこれから学んでゆこうと思うなら、ぜひイギリス英語も学んでほしい。

先のモースは、「汽車に間に合わせるためには、大きに急がねばならなかったので、途中、私の人力車の車輪が前を行く人力車の轂《こしき》にぶつかった。車夫たちはお互いに邪魔したことを微笑で詫《わ》び合った丈《だけ》で走り続けた。

私は即刻この行為と、我国でこのような場合に必ず起る罵詈雑言とを比較した。何度となく人力車に乗っている間に、私は車夫が如何に注意深く道路にいる猫や犬や鶏を避けるかに、気がついた。

また今迄の所に、動物に対して疳癪《かんしやく》を起したり、虐待したりするのは、見たことが無い。口小言《くちこごと》を言う大人もいない。これは私一人の限られた経験を――もっとも私は常に注意深く観察していたが――基礎として記すのではなく、この国に数年来住んでいる人々の証言に拠《よ》っているのである」と、述べている（『日本その日その日』）。

ブルーノ・タウト（一八八〇―一九三八年）は、高名なドイツの建築家だが、一九三三（昭和八）年から、日本に三年滞在した。

タウトも、「私はこの旅行を通じて、自動車の運転手がどんなに辛い目にあっても、悪口の一つ言うのを聞いたことがない。こんなときに日本人は、罵詈の言葉を吐く代わりに、笑って済ませるのである」（『日本美の再発見』）と、書いている。

これは、日本人の大きな美徳だ。武道も、茶道も、踊りもすべて、立ち居振る舞いが、大切である。自制する美しさがある。自らを抑える美学である。

これほどまでに、自制を尊んでいる文化は、世界に類例がない。

日本文化は、これまで世界を席捲《せっけん》してきた西洋文明とまったく違う、欧米で一般に知られてきた、インドや、中国の『東洋文明』とも違う。

余談になるが、息子のハリーは、現在、駐日イギリス大使館の名誉大使だ。駐日大使から正式にイギリスの物産を日本に紹介する大役を与えられて、任命書を授与された。

ハリーはタレントのシェリーさんなどと「ハーフ」のタレントの会をつくっている。日本で生まれ育った子どもたちだから、日本語が流暢《りゅうちょう》に話せる。私が息子たちに期待したいのは、ぜひ、日本の文化や、美意識について学びを深めて、日本文化を世界に発信してほしいということだ。

「ところで」は、バイ・ザ・ウェイではない

ところで、日本人は「バイ・ザ・ウェイ」という英語の使い方を、間違っている。あまりにも多くの日本人に共通した間違いなので、なぜだろうかと、訝《いぶか》ってきた。

どうやら誰かが、どこかで、「ところで」を英語では、「バイ・ザ・ウェイ」と言うと、教えたようなのだ。辞書にも、そう書いてあると言うから驚いた。

英語の「バイ・ザ・ウェイ」は、本論から外れた瑣末事を示す時に、使う表現だ。ところが、日本語で「ところで」は、もっとも重要な話題に入る時に使うようだ。不思議と日本人は、「ところで」と言われると、身構える。

それまでの天気の話や、家族の近況などは、どうでもよい雑談で、この「ところで」という合言葉が出たところから先が、本題なのだ。

日本人は相手を慮《おもんぱか》るので、いきなりストレートに、結論を言わない。はたして、結論を言っていいものか、相手の様子を窺《うかが》う。その間の取り方が、人間関係の「和」を保つうえでは決定的に重要なのだ。そして、「ラポー・ビルディング（信頼醸成）」ができたところで、「ところで」と言って、本音を漏らすのだ。

自分と相手を隔てる距離感が縮まって、はじめてもっとも重要な話題に入っていく。

一方、英語の「バイ・ザ・ウェイ」は、「ここから先は、重要ではないことです」という場合の表現だ。これから、もっとも重要なことを言おうという時に、「バイ・ザ・ウェイ」と言っては、話がとんちんかんになってしまう。

しかし、この表現の違いも、日本人と西洋人の文化の違いを象徴している。日本は、農耕民族型であるのに対して、西洋人は狩猟民族型だ。

狩猟では集団で狩りをするにしても、獲物は逃げるから、結論を先に言う必要がある。いま獲物を襲うのか、待つのか。議論をしている暇はない。結論が先にくる。襲うのか、襲わないのか。結論が先で、なぜかという状況説明や理由は、必要なら後につけ足す。

逃げる獲物を狩るために、戦略も、A案、B案、C案、D案と立てる。そして発言権を持つのは、実力者となる。

他方、農耕民族型の日本人は、相手が大自然だから、天候にあわせて対処するしかない。どうすればよいのか、討論して決める。案を出し合って、意見の違いがあっても、長老の意見を尊重したうえで、全体の「和」を保って、みんなで結束することが、なにより大切なのだ。田んぼが逃げ去ることがないから、話し合いで解決できるのだ。

なぜ日本人は、「私」「あなた」を使わないのか

私は日本語を学ぶようになって、日本人がよほど必要でないかぎり、「私」「あなた」という言葉を使わないことに、気づいた。

英語でも、ヨーロッパ諸語でも、アイ（I）、ユー（YOU）という言葉抜きでは、まったく話すことができない。

私は日本語が上手な中国人の友人から、まったく同じことを聞かされた。中国語でも、「私」「あなた」を使わなければ、会話も、文章も成り立たないというのだ。

日本では「和」を大切にするために、「私」と「あなた」のあいだに、はっきりとした境界線を引きたがらない。そこで、日本語では「私」を連発すると、品性が欠けることになる。互いに気持ちを合わせることに、努める文化なのだ。

日本でもアメリカの漫画の主人公のポパイといえば、誰でも知っている。「アイ・アム・ホワット・アイ・アム・アンド・ザッツ・ホワット・アイ・アム」——「私といえば私であり、私だ」という言葉がある。ポパイの有名なセリフだが、私と同じ世代のアメリカ人だったらもちろん、英語を使う国民も誰だって知っている。

この短いセリフに、アイ（I）が三回も出てくる。このI（私）だが、英文学を学んだ者なら、誰でも親しんだことがある八世紀の古英語の叙事詩『ベーオウルフ』のなかにも、あるいは十四世紀にチョーサーが著した『カンタベリー物語』にも、「私」を指す言葉として使われており、昔も今も、（Ｉ）を使うことは変わらない。

ところが、私はある時、知人から日本ではそうではないことを、教えられた。平安時代の女性だったら自分を指すのに「わらわ」と言っただろうし、江戸時代の武士だったら「せっしゃ（拙者）」と言っただろう。もし、今日の日本で自分を指して、そのように言ったとしたら、頭がおかしいと思われてしまうだろうと、説明してくれた。

欧米人はポパイまで含めて、自我が強いので、かつて地球が宇宙の中心だったと信じられていたように、自分がつねに宇宙の中心であると、みなしている。日本人から見たら欧米人は、ガリレオ・ガリレイが十七世紀はじめに引っくり返した天動説を信じているのと似ていると、思うのではなかろうか。

西洋人は自分中心なのだ。しかし、日本で「あの人は自分中心だ」と言ったら、自分の利益だけを考える、卑しい利己主義者だという意味になるから、蔑《さげす》まれることになる。「自分勝手」であっても、非難される。

この三〇年ほど日本社会では、西洋を真似する〝近代化〟が進んでいるが、まだ、日本は多分に伝統社会である。「私の車」「私の家」などというと、自己中心的だと思われてしまうので、それを誤魔化すために、「マイカー」とか、「マイホーム」「マイペース」「マイプライバシー」といった、怪しげな日本製英語がひろく使われるようになった。「マイナンバー」というのも、きっとその延長線上にあるにちがいない。

日本は古代から幸《さいわ》いなことに、ヨーロッパ諸国や、中国や、朝鮮のように、外敵である異民族によって侵略を蒙ることが、元の襲来を除けば、一度もなかった。

イギリスは紀元前一世紀に、シーザーが率いるローマ軍によって占領された後に、九世紀後半にデーン人によって、十一世紀にフランスによって、侵略され、支配された。

このように異民族による侵略が繰り返されると、人々は自分を守るために他人に対して疑い深くなり、自己中心的にならざるをえなかった。

世界一の平等社会

おそらく、日本ほど平等な社会はあるまい。イギリスやヨーロッパは、階級社会だ。アメリカも、同じである。

ところが、日本では閣僚も、大企業の役員も、大学教授も、タクシーの運転手やレストランのボーイたちと、同じ日本語を話す。話す言葉も同じなら、日本ではエリートが、ことさらエリートらしく振る舞うこともない。

イギリスでも、アメリカでも、エリート階級と庶民のあいだでは、使う英語もまったく異なる。

いま、全世界にわたって、所得の格差が拡がっていることが、大きな問題となっている。

中華人民共和国が、世界でもっとも所得格差が大きい国となっているのは、中国人の三〇〇〇年来の民族性といえば、それまでのことだが、いまだに共産主義の看板を掲げているのは、皮肉なことだ。

たしかに、日本でもごく一部の少数の人々が、一般の国民から見れば、巨額な収入を得ている。しかし、そのような人々は国民のごく一部にしかすぎない。

一部上場の代表的な大企業の社長であっても、アメリカをはじめとする諸国の経営者が何千万ドル、何億ドルという年収を得ているのに比べると、ごくつましいものだ。

このようなことも、日本では、自分だけの幸せを追求することがあったら、肩身が狭いと思う、「和の心」から発している。

日本人にとって謙虚であることや、富をみせびらかさないことが大きな美徳となっているのも、「私」という言葉を嫌うのと、同じ線上にあるものだ。

もちろん、世界の人々が日本を手本にするべきだというのは、私が外国人として、はじめてではない。

一〇〇を半分に見せる日本人、二〇〇に水増しするアメリカ人

日本の洗練された文化と比較して、アメリカ文化は粗野で、品位に欠けている。私はイギリス人として、そう思う。

アメリカには、わずか二〇〇年の歴史しかない。まだ若い国だから、仕方がない。洗練された伝統が、醸成されるような歴史もなかった。

また、成り上がり者か、金銭を崇める人々が〝力と金〟によって象徴されるような、歴史や伝統にまったく立脚しない、精神に必要のないものによって、「アメリカ文化」をつくりあげてきた。

そんな「アメリカ文化」を、グローバル・スタンダードにしようと躍起になるから、反発を受けることになる。

金と力にものを言わせるような振る舞いは、日本ではもっとも嫌われる。デリカシーに欠け、洗練された文化を感じさせないからだ。

私は、アメリカ人が何でもかんでも「グレイト！」と言うのは、本来の「グレイト」の意味を知らないからだろうと思っている。

「スーパー」というのも、お得意だ。このごろの日本語では、「超」というのだろうか。「スーパーマン」という「グレイト」な英雄《ヒーロー》は、〝超〟アメリカ的だ。

日本に、「謙譲の美徳」という言葉がある。それを尊ぶことが、日本人の美学でもある。仮に一〇〇の実力があったとしても、謙遜《けんそん》して、「いえいえ、私などは半分ほどの力もありません」と言うのが日本人だ。

一方で、アメリカ人は、一〇〇の実力を、一五〇だとか、二〇〇に水増しして、アピールしようとする。節操に欠ける。

このように形振《なりふ》りかまわずに、自分を誇張して示そうとするのは、心が貧しいからだ。金と力をこれでもか、これでもかと見せつけ、やれ「スーパー」だ、「グレイト」だ、と誇示したがるのは、成り上がり者の典型だ。

根底に、自分を誇示しないと、認めてくれないという劣等意識がある。

誇りと伝統を継承してきた国なら、そのように自分を売り込むことを、必要としない。謙虚に存在しているだけで、十分だ。イギリスも、そうした伝統と歴史を持った国であると、自負している。日本も、そのような社会だ。

日本に対するマッカーサーの無知蒙昧《もうまい》

前出のストゥッキ氏は、一九七七年に滋賀県庁によって、琵琶湖《びわこ》開発プロジェクトの国際顧問として招かれて、しばらく日本に滞在した。

その著書『心の社会・日本――ヨーロッパは日本に何を学ぶか』をめくると、日本社会について深い洞察に満ちている。「いまや、欧米が日本から学ぶべき時代がきた」、「日本人は心で考える」、「日本は心の社会である」といった言葉が、ちりばめられている。

そして、西洋では「日本についての知識は、いわゆるわれわれの一般教養のなかには含まれていないし、高等教育のなかでも、ほとんど言及されることがない」、「無知がゆえに、われわれは日本について先入観をさまざまに作りあげ、日本に誤ったレッテルを貼ってしまう」と、述べている。いまでも、まったくその通りである。

西洋が日本から、学ぶべきところが多いという指摘も、私の持論と同じである。

しかし、欧米人のなかで日本を手本とするべきだと説く者は、この二〇年あまりで多少は増えているといっても、まだまだ、ひと握りでしかない。西洋における状況は、ストゥッキ氏が日本に滞在していた当時と比べても、ほとんど変わっていない。

その大きな理由は、いまだに西洋諸国が科学技術、経済、金融、軍事力の分野において世界を制しており、先頭に立っていることにある。

日本は世界の先進国首脳が集まるサミットのなかで、唯一の有色人種で、かつ非キリスト教徒の国であるが、異質な新参者である。

欧米人は今日でも、キリスト教徒が異教徒を見下してきたことに加えて、白人が世界のほとんどの部分を植民地支配していた、白人優越主義に基づく先入観から脱することができないでいる。

アメリカによる対日占領政策も、アメリカ人全員が日本文化について、まったく無知であったために、日本にそぐわないものだった。

当時、〝日本の天皇〟といわれたマッカーサー元帥も、その典型的な一人だった。

対日占領が終わってから、しばらく後に刊行された『マッカーサー回想録』を読むと、当時のアメリカの日本理解が、いかに浅薄なものだったかを示している。

「日本の実態といえば、西洋諸国がすでに四世紀も前に脱ぎすてた封建社会に、極似したものであった。神人融合の政治形態は、西洋社会では三〇〇〇年にわたった進歩の間に、信用をまったく失ったが、日本ではまだそれが存在していた」

「神人一体の天皇は絶対君主であって、アメリカ人から見れば、日本は近代国家ではなく、古代スパルタに近い存在であった」

「国民のごく一部にしかすぎない、封建的な指導者たちが支配し、他の国民は進んだ意識をもつ、わずかな者を除いて、伝説と神話と圧政の完全な奴隷となっていた」

それにしても、マッカーサー元帥の手によった日本人の洗脳が、いまだに多くの日本人の精神を支配しているが、当時、日本国民の多くが占領軍に拝跪《はいき》していたことを、思い出させる。

マッカーサー元帥をいまだに崇拝している日本の左派の人々が、「平和憲法」にノーベル賞を与えるべきだという運動を、推進している。

ノーベル賞は発明者か、作家か、つくった者に授けられるものだから、マッカーサー元帥に死後贈呈したいと言うのだろう。

マッカーサー神社を建立するべきだという発想が、いまだに生きているのにちがいない。

ペリーによる「ザ・レイプ・オブ・江戸」

私がペリーについて研究を始めて、もう一〇年近くになる。

アメリカの日本侵略は、ペリーが種を蒔《ま》き、マッカーサーが刈り取った。

ペリーは、当時、世界でもっとも豊かで、もっとも平和が長く続いていた日本の文化と、人々の安寧《あんねい》を破壊した。まさに、「ザ・レイプ・オブ・江戸」と言っていい。

これは、我田引水ではない。精神分析家で、現代史家でもある岸田秀《きしだしゅう》氏もそう論じている。岸田氏は、「日本はレイプ（凌辱）された。最初はペリー提督によって、後にマッカーサー元帥によって」と、主張している。

私は、岸田氏の著書『日本がアメリカを赦す日』（毎日新聞社、後に文春文庫）を、ドナルド・キーン教授に紹介した。

キーンは太平洋戦争時にアメリカの日本語将校だった。長いことコロンビア大学の教授を務め、二〇一二（平成二十四）年には、日本国籍を取得している。日本外国特派員協会で、特派員との会が持たれた時には、私が司会を務めた。

太平洋戦線で、キーンは日本軍捕虜の訊問係をして、日本兵の遺体から回収した日記や手紙を英訳した。日本軍がどのような状況に置かれ、どのような行動に出るのか、知るのが目的だった。

キーンはそのうちに、日本人の気高さに、衝撃を受けた。

「ガダルカナルを餓島と呼んだ日本軍の兵士たちの耐えた困苦は、圧倒的な感動を呼び起こした。アメリカ軍の兵士の手紙には何の理想もなく、ただ元の生活に戻りたいとだけ書かれていた」

「大義のために滅私奉公する日本人と、帰郷以外のことにはまったく関心を持たない大部分のアメリカ人。日本の兵に対しては賛嘆を禁じえなかった。そして結局、日本人こそ勝利に値するのではないかと信じるようになった」(『日本との出会い』学生社)

世界でもっとも平和で豊かな都市だった江戸

ペリーは江戸湾に侵入して投錨《とうびょう》した最初の夜に、甲板から流れ星が夜空に輝いたのを、目視した。

ペリーは自分が思わずこう叫んだと、記している。

「全能の神のお示しだ！　古代人の上に降りたものと同じものだ！」

ペリーは、神が共にあると信じた。

そして、日記にこう書いた。

「神がこの素晴らしい天地（日本）を、創造された。われらの試みが、これまで見離された人々（日本人）を、（キリスト）文明へとお導きくださるように祈ります。どうぞ事が成就しますように」

ペリーも白人キリスト教徒だけが、文明世界に属している唯一つの家族で、それ以外は、孤児のような野蛮人でしかないという、〝白人絶対優位〟の世界観に立脚していた。

もちろん、二〇〇〇年以上の優れた歴史を紡《つむ》いできた日本は、ペリーが神に祈ったような、未開の蛮地ではなかった。

江戸は、当時の世界で最大の都市だった。庶民も、武家も、豊かな都市生活を謳歌していた。

ドイツ人の博物学者で、長崎の出島に勤務（一六九〇―九二年）したエンゲルベルト・ケンペルは江戸を訪れ、こう述べている。

「行き交う大名、小名、幕府の役人などの行列、美しく着飾った婦人たち、ヨーロッパの軍隊のように隊伍《たいご》を整えて行進する褐色《かっしょく》の革羽織《かわばおり》の消防隊、軒《のき》を連ねる呉服商、書籍商、薬種《やくしゅ》商などの商家。路上に大きな露店が並ぶ。だが、豪華な行列を見慣れている江戸の人々は、微々たるわれわれの一行には、目もくれなかった」(『江戸参府旅行日記』)

ヨーロッパで産業革命が進んだのは、江戸時代後期にあたる。資本家による搾取が悲惨な状況をつくりだしていた。マルクスやエンゲルスの著述が登場することになった。

日本でも、共産主義思想にかぶれた左翼の歴史家が、マルキシズムを宣伝するために、江戸時代を支配階級による搾取と暗黒の社会だったと、決めつけてきた。

確かに身分制度があった。しかし、身分の違いを超えて、お互いがその立場を尊び、助け合う社会だった。むしろ支配階級である武士が享楽を嫌ったので、民衆のほうが富を蓄積し、自由に楽しく暮らせるという逆転現象が、生まれていた。

徳川時代の初期には、「七公三民」といわれるほど、年貢率が高かったが、四代将軍家綱《いえつな》の治世(一六五一—八〇年)から年貢が下がり、七代家継《いえつぐ》(一七〇九—一六年)の時代、新井白石《あらいはくせき》は、実質税率を二割八分と計算していたともいう。税率がここまで落ちるのは、世界でもめずらしい。

さらに新田開発が進み、米の耕作面積は、江戸時代を通して二倍、収穫量は四倍となった。町人は、支配階級だった武士よりも豊かで、街は文化財に溢れていた。

町人が同業組合を組織して、金を集め、江戸に繁栄をもたらした。武士が金に困ると頼ったのが、町人だった。

裕福な町人のブルジョアが、審美眼を持っていた。空威張《からいば》りする武士は、質素な生活を重んじたが、絢爛《けんらん》たる文化を生むことには、貢献しなかった。

当時、世界で最大の首都だった江戸は、絵画などのヴィジュアルアーツでも、舞台芸術の世界でも、きわめて高い芸術性を有していた。

「歌舞伎」や「浄瑠璃《じょうるり》」といった芸能も、「浮世絵」などの芸術も、すべて庶民のものだった。庶民文化がこれほどまでに栄えた国は、世界のどこにもなかった。

世界のどこでも、舞台芸術、絵画、音楽は、支配階級である王侯貴族のものだったが、江戸時代の日本では庶民が、そうした文化の担い手だった。

歌舞伎は、庶民の感覚と風俗を映した大衆劇だったが、その豪華絢爛さは、世界で抜きんでていた。

浮世絵は、「町絵」とも呼ばれ庶民芸術だった。歌麿《うたまろ》、写楽《しゃらく》、北斎《ほくさい》、広重《ひろしげ》などの浮世絵は、十九世紀後半のヨーロッパに衝撃的な影響を及ぼした。

シェイクスピア劇に登場する人物は、すべて王侯貴族ばかりだが、近松門左衛門《ちかまつもんざえもん》の作品に登場するのは、商人や手代、浪人などである。西洋や、中国には見られないことだ。

東京と大坂を結んだ公道だった東海道は、おびただしい数の旅人によって溢れ、一〇〇〇軒を超える旅籠《はたご》があった。

全国で、庶民が団体を組んで各所を訪れるパック旅行（講《こう》）が、行なわれている。これも、世界で日本だけのことだった。

出版についても、庶民の識字率が、世界のなかでもっとも高かったから、木版印刷による出版業と、貸本屋が繁栄した。

浮世絵も大量に刷《す》られて、庶民を楽しませた。売れっ子の浮世絵作家によるものが、飛ぶように売れた。

「町飛脚《まちびきやく》」は、郵便制度だった。東海道を六日で走った定期便もあった。このため「定飛《じょうび》脚《きやく》」「定六《じょうろく》」とも呼ばれた。

「宿駅《しゅくえき》」という中継地点があり、「継飛脚《つぎびきやく》」がリレーして、九州から蝦夷《えぞ》地（北海道）まで、どこでも郵便が届いた。江戸時代の日本は、郵便でも、世界一の制度を確立していた。

また、幕末に日本を訪れた西洋人は、日本のどこへ行っても清潔であることに驚嘆し、筆を揃えて称賛している。

今日でも、日本は世界でもっとも清潔な国となっている。

自然と一体になった和食の魅力

この二〇年ほどのことだろうか、世界を虜《とりこ》にしている健康志向もあって、和食がひろく知られるようになった。

私は和食が好きだ。とくに寿司に目がない。鮪《まぐろ》の中トロ、ウニや、イクラも好物だ。もちろん、寿司に限らない。鰻《うなぎ》のかば焼きも好物だし、刺身、天麩羅といずれも中華料理やフランス料理のように重いソースがかかってなくて、さっぱりとしている。

私の日常には味噌汁も、欠かせない。自宅では、朝はイギリス式だが、ほとんど毎日のように味噌汁を楽しみ、もう半世紀近くも、ごく普通の和食の家庭料理を食べて、生活している。

いまは椅子で食事をしているが、以前は畳に座るのが好きだった。畳だと、部屋が広く見える。私は三島と剣道と空手を稽古していたことがあって、正座に慣れている。道場では、もちろん正座をしていた。

日本人もお茶はよく飲むが、イギリスでも生活の一部になっている。

イギリス料理は、やはり島国で新鮮な魚介類が豊富に手に入るから、素材の味をいかしている点が、日本料理と似ている。

イギリスの代表的な料理といったらローストビーフだが、ヨーロッパの肉料理よりも、あっさりとしている。そんなこともあり、日本にはじめてきた時から、和食になじみやすかった。

日本でも「コンチネンタル・ブレックファスト」と呼ばれているヨーロッパ大陸の朝食は、パンと濃すぎるコーヒーだけだが、イギリスの朝食は日本と同じように、料理の種類が盛りだくさんで、楽しめる。近代英文学の代表的な作家であるサマセット・モームが、「イギリスの朝食は、世界一だ。できるものなら、一日三回食べたい」と言ったことは有名だ。

自宅でニギリズシや、チラシズシの出前を取っても、幕の内弁当を取っても、何と見た目が美しいことだろうか！

このように見た目が美しい食文化は、日本だけのものだ。私は『源氏物語』の目次の「夕顔」「若紫《わかむらさき》」「紅葉賀《もみじのが》」「花散里《はなちるさと》」「朝顔」「梅枝《うめがえ》」「夕霧《ゆうぎり》」「紅梅」といった帖名《じょうめい》を連想してしまう。

このようなところにも、日本の美意識が表われているのだ。料亭料理がとくにそうだが、和食は自然の季節感と、一体になっている。

『源氏物語』をはじめとして、日本の文芸作品は古典から「ノーベル文学賞」を受賞した川端康成の小説まで、どれをとっても美しい自然の描写がちりばめられている。和食をとりあげても、人と自然、あるいは自然と人が一体となっており、対等なのだ。

日本人が自然の恵みを、いかに大切にしているか、分かる。

今日では世界のどの主要都市にも、日本料理店がある。

日本食は、季節感と一体になっている。和歌や俳句と、同じ線上にある。

今日では健康志向は、豊かな先進諸国の人々にとって、〝健康カルト〟という新しい宗教の地位を獲得するようになっている。

和食が健康志向である、大きな理由の一つに、清潔だということがある。

二〇一一年に、加瀬氏が中小企業の経営者を集めて、日本文化を学ぶ朝食会を、一〇〇週間にわたって行なっていたので、私もほぼ毎週、欠かさずに出席した。

ゲストとして、平安時代からつづく料理の流儀「四條流包丁式《しじょうりゅうほうちょうしき》」の家元である四條家の子孫が、「包丁式」について、講話を行なった。

包丁式は神道の神事であるが、平安時代初期に第五十八代の光孝《こうこう》天皇が、勅命によって料理作法の形式を定めたことに、始まっている。それ以来、包丁式は、高位の公家《くげ》だった四條家に伝えられてきた。

私は一二〇〇年近い歴史がある儀式を、この目で見ようと、明治神宮で催された四條流の「包丁式」に、参列した。

四條氏は神職のように烏帽子《えぼし》、直垂《ひたたれ》の装束で姿を現わした。そして一メートルもある、日本刀のような包丁を、まるで舞うように美しく動かし、俎《まないた》の上にある魚や野菜を見事にさばいていった。

もちろん、儀式が行なわれた後には、神饌《しんせん》として神前に供えられる。料理が神事になっているのは、世界のなかで日本だけである。

絵文字 emoji は、日本人の発明

いま、emoji、コスプレ、アニメ、テレビ・ゲームをはじめとする、日本発のさまざまな当世的な文化が、世界中で流行するようになっている。

日本のアニメは、英語、ドイツ語、フランス語、スペイン語をはじめ、海外で manga と呼ばれている。

日本のアニメは、世界でもっとも古い manga の先駆けである『鳥獣戯画』や浮世絵

が、西洋にそれまでなかった斬新かつ大胆な構図で、西洋の芸術家の心をとらえたのと同じ線上にあるものだ。

その一方で、emojiが全世界を席捲するようになっているが、アメリカのホワイトハウスのソーシャル・メディアによっても、使われるようになっている。

最近、アメリカのコロンビア大学によって、emojiについて研究論文が発表されているが、emojiは一九九〇年代に日本のテクノロジー専門家の栗田穣崇《くりたしげたか》氏（現在、株式会社ドワンゴ執行役員）が発明したものだという。

この研究によれば、現在、全世界でおびただしい数にのぼるemojiがつくられて、iフォーンや、スマートフォン、eメールのなかで、飛びかっている。

笑顔、泣きっ面、バニーラビット、猫、犬、象、ワニ、さまざまな花から、拳銃、飛び出しナイフ、スパゲッティ、ハンバーガー、マティーニのグラスといったように、種類が数限りなく存在している。

イギリスの知識人雑誌『スペクテイター』の最近号が、この研究を取り上げているが、笑顔のemojiだけで、七二九〇億回も使われているという。私にはいったい、どうやって数えたものか、分からない。

世界でよく使われるemojiとして、笑顔の次に、ピンクのハート、赤いキスマーク、赤い薔薇《ばら》、ピンクの野菊、リボンがかけられたチョコレートの箱の順で、続くそうである。きっと、emojiは中国で漢字が登場する前の象形文字や、古代エジプトなどの絵文字の二十一世紀版のようなものなのだろう。

海外でも日本語のままemojiと呼ばれており、いまや世界語の仲間入りを遂げているが、きっと俳句のように省略する精神が、生んだものなのだろう。

このような日本発の文化には、和食はもちろんのこと、サケ（日本酒）、ハイク（俳句）、茶道、華道、柔道、剣道、空手、ニンジャ（忍者）をはじめとして、さまざまなものがある。

私はemojiであれ、コスプレであれ、ニンジャであれ、何であれ、世界にひろまってゆくのは、よいことだと思う。

ロンドンやパリで、若い女性のあいだで日本の「かわいい文化」である〝コスプレ〟が流行《はや》るようになっている。

西洋では女性はハイティーンになったころから、一人の自立した女――ウーマンwomanになることが求められる。

ところが、日本では女性が成人して中年、高齢になっても、「かわいい」ことが期待される。

日本の女性は歳《とし》をとっても、女性的でかわいいところがあって、緊張を和《やわ》らげてくれるのだ。このようなところも、和の社会をつくるのに、役立っている。日本でこの二〇年ほどのところ、〝コスプレ文化〟が生まれたのは、日本社会が西洋化してしまって、刺々《とげとげ》しくなったことに対する反発だと思う。

パリで実現した「阿波踊り」

このたび、外務省が五〇〇億円といわれる予算を計上して、日本文化をひろめるために、世界の主要都市に『ジャパン・ハウス』を開設してゆくことが、決定された。

日本の保守派のなかには、茶道や生け花などをひろめるよりも、日本が侵略国家だったとされることとか、従軍慰安婦や南京事件などの汚名を正すことに努力するべきと、主張する人々がいる。

だが、私はコスプレでも、アニメでも、拳玉《けんだま》でも、盆踊りでも、和食でもよいから、まず世界のできるだけ多くの人々を日本文化に取り込んでいって、日本に対する親しみをいだかせることが、重要な第一歩になると思う。

そのうえで日本について、徐々にでも、より深く知ってもらってゆけばよいのではないか。

二〇一五年十月に、パリの中心にある広場において、〝阿波踊り〟が行なわれた。私はテレビで見たが、五〇〇〇人にのぼるパリ市民が参加して、軽快な手振り、足取りを真似て、楽しんだ。

四国の徳島から女性の踊り手たちがきて、〝阿波踊り〟を演じた。広場のまわりには、フランスの有志の男女が、日本の祭なら必ず見られる屋台を出して、和食や、軽食を売っていた。

この催しは、多年、日本に住んでいるフランスのジャーナリストが、東京の高円寺《こうえんじ》で〝阿波踊り〟を見て、すっかり魅了されて、一〇年以上をかけて、パリで〝阿波踊り〟を実現させようと苦労を重ねた賜物だった。

〝阿波踊り〟も、日本に親しんでもらうのに、欧米の人々に大いに役立つ。拍手したい。

まだ、端緒《たんちょ》についたばかりだが、世界は日本をいっそうよく知るようになっている。

私が日本にはじめて来てから半世紀前と比べると、国際化が進んだこともあって、日本がはるかによく知られるようになった。

三、四年前までは、日本語ができる欧米人は、ごく少なかった。日本人が日本語は日本人だけが話すと思い込んでいたから、日本語を話すと、「まあ、お上手ですね！」と言って、驚かれたものだった。「箸《はし》の使い方がお上手ですね」とか、「刺身が食べられるのですか」などと、まるで珍獣のように扱われたものだった。

いまでは、そういうことがなくなった。

まだ、人数はごく僅《わず》かだといっても、欧米人のなかで、神道の神職になった者も、落語のプロの噺家《はなしか》になっている者もいる。

外国人が日本の質が高い文化を、身近で親しむようになれば、日本に対する共感が一歩一歩、ひろまってゆくことになるだろう。

一輪挿しの花を見た時の衝撃

外国から日本を多くの観光客が訪れるようになっているのは、日本を肌身で知ってもらう、よい機会である。多くの外国人が、日本人と触れ合うことによって、日本が世界に類例がない「おもてなし」の国であることを知って、感心するようになっている。

二〇一五年に日本を訪れる外国人観光客は、二〇〇〇万人近くになると予想されているが、その大多数が日本の「心」に触れて、日本人に好意をいだいて、帰ることになるだろう。

私ははじめて一輪挿しの花を見た時に、強い衝撃を受けた。

西洋にも「フラワー・アレンジメント」があるが、花をいっぱいに盛って、美しく飾りたてる。たった一輪の花を、美しいと感じる日本人の感性に、驚いたのだった。

その時私は、一輪の花が、ほんとうに美しいと感じた。

いまでは見慣れてしまったが、電車の駅の改札口のすぐ外に、一輪挿しが飾られているのを見て、感心したこともあった。

この三〇年ほど、俳句がヨーロッパやアメリカなどで人々の心をとらえて、それぞれの国語でつくられるようになっている。

「ハイク」は江戸時代に入って生まれたが、和歌、連歌を母体としている。

西洋の絵画や詩歌が、対象を濃密に描こうとするのとまったく違って、必要なものだけを切り取って、他の余剰なものを省略しようとする、日本人に独特な美意識がもたらしたものだ。

このような日本人の感性は、俳句や、日本画や、一輪挿しに限られたものではない。日本人の全生活を律しているものだ。

日本人の生活が西洋化したといっても、日本人の心の奥底にあるものは、変わっていない。

このところ、日本の女性が著者となった、近藤麻理恵《こんどうまりえ》さんの『人生がときめく片づけの魔法』（サンマーク出版）が、アメリカで大ヒットして、ミリオンセラーになっている。これは、もっとも新しいジャポニズムの一つだ。

アメリカ人は、無駄な商品を際限なく買わせようとする広告代理店やあくどいテレビのCMの奴隷になって、不本意に買い込まされてしまった衣服や、電化製品や、さまざまな大量の商品によって、家も、部屋も隅々まで埋め尽くされている。

広告マンには夢のような生活だろうが、これでは手足をのんびりと伸ばしたり、深呼吸をすることができない。

近藤さんの〝片づけの魔法〟は、心の邪魔になってしまう不必要なものを、思い切って捨ててしまう俳句に、通じるものなのだろう。

日本文化こそが人類を救う

アメリカでも、私のイギリスでも、幼きも、若きも、大人までが、スマートフォンや、パソコンに釘付けになって、頭を細切れにされた情報によって埋め尽くしている。いつも落ち着かずに、大切な心を置き去りにして、寸暇を惜しんで、急いでいる。まだ日本では真似をする人が少ないから、ほっとさせられる。

世界のなかでも、とくにアメリカ人はなぜか忙しいことを、何よりも生き甲斐《がい》にしている。

いつも忙しくしているために、自分が自分でなくなってしまっている。そこで、いっそう忙しく動きまわって、空虚を埋めなければならないのだ。

英語のビジネスは、busy（忙しい）を名詞にした言葉だ。多忙で、ひまも、ゆとりもないことを意味している。いつだって緊張して、苛立《いらだ》っているから、じきに神経症を患うことになる。

だが、アメリカでも、スローライフといった人生観が知られて、より多くの人々が、人間として人生の主役の座を取り戻すために、心のゆとりを求めるようになっている。

一九六〇年代に、アメリカ国民はモンスターのような巨大な乗用車を、ガソリンを撒《ま》き散らして乗りまわし、何ごとであれ、大量に消費することに得意になっていた。

そういうところに、一九六二年にレイチェル・カーソン嬢が『沈黙の春《サイレント・スプリング》』を著して、自然環境を破壊してはならないと警告して、ミリオンセラーとなった。

この本は、エコロジーのバイブルとなって、ケネディ大統領をはじめとして、アメリカの世論を動かすきっかけとなった。

近藤さんの〝片づけの魔法〟も、『沈黙の春』と同じような、新しい時代の先駆けとなるのだろうか。楽しみである。

地球の限られた資源で、増大する世界人口を考えると、小さなものを美しく感じる日本人は、貴重な教訓となる。

いま、ヨーロッパでは、盆栽への関心も高まっている。欧米から日米の盆栽園に修業にきている若者も珍しくない。

ガソリンを垂れ流すような巨大なアメリカの乗用車ではなく、コンパクトな日本車が世界中で受け入れられてきたのも、時代の趨勢《すうせい》といってよい。

お互いに自制し合い、譲り合うのは、節度の精神から発しているが、これも日本の美意識である。

だが、日本文化を世界にひろめるためには、日本国民が日本的なるものを、しっかりと守ってゆかなければならない。

日本がいっそう低俗なアメリカの消費文明の亜流の国になってしまったら、日本が発展することができなくなるだけでなく、世界に貢献しようがなくなってしまうだろう。日本人がいっそう西洋を模倣するようになって、日本の劣化が進むようになっている。

とくに若者がアメリカの猿真似をするようになっている。

多くの日本人が本来のよさを失っているのも、コカ・コーラ、屑肉を使ったハンバーグをはじめとするファストフード、ロック音楽、ハリウッドの暴力を強調するエンターテインメント・ドラマなど、俗悪なアメリカ文化によるものだ。

これから世界人口が増え、世界がいよいよ小さく狭くなってゆくなかで、日本の生活文化を支えてきた徳の心は、大きな価値を持っている。

日本文化のさまざまな長所こそが、人類を救うことができる。日本から、おおいに日本文化を発信していってほしい。

第二部　岐路に立つ日本文化

加瀬英明

第1章　「日本女性」こそ、日本文化の粋《すい》

「和」でつくられた日本人の心

私はストークス氏と知り合ってから、四〇年以上になるが、いつ、どのように出会ったのか、定《さだ》かな記憶がない。

ストークス氏は、イギリスの『フィナンシャル・タイムズ』の初代東京支局長、『ニューヨーク・タイムズ』『ロンドン・タイムズ』の東京支局長を歴任した、大記者である。

私は一九六〇年代からアメリカの主要な新聞や、雑誌に寄稿していたから、そのころから、今日、ストークス氏がドンになっている日本外国特派員協会（プレスクラブ）の会員となっている。

プレスクラブで知り合ったか、そうでなければ、私はエドワード・サイデンステッカー教授や、ハーバート・パッシン教授をはじめとする、ジャパノロジストと懇意にしていたので、そのような縁で親しくなったのかもしれない。

いずれにせよ、ほどなくしてストークス氏と昵懇《じっこん》になって、しばしば会った。国際問題や、世界の文化や歴史について、意見を交わすようになった。

二〇一二年に、ストークス氏と共著で、『なぜアメリカは、対日戦争を仕掛けたのか』（祥伝社新書）を、まとめた。キャッチの標語が「ペリーが種を蒔《ま》き、マッカーサーが収獲した」というものだった。

この本は、先の日米戦争について、アメリカに一方的な責任があり、日本がアメリカによって自衛戦争を強《し》いられたことを、史実に基づいて、客観的に検証している。

この本が、よく売れたのを受けて、ストークス氏から「この次は、日本文化が世界一という本を、ぜひ、共著で書きたい」と、提案があった。

もちろん、私は日本文化が世界でもっとも優れており、世界が手本とするべきだと考えていたから、喜んだ。

ストークス氏は、日本が世界でただ一国、和の社会を形成しており、日本語の和や、心という言葉を、そのまま英語や、外国語に訳することができないと、説いている。

日本人の心が和によってつくられ、心が和をつくってきた。私たちが日常、当たり前のことだと思っている和は、日本だけに独特なものである。

私たちが海外に出て、レストランや食堂に入ると、アメリカでも、ヨーロッパでも、中国、韓国でも同じことだが、日本とちがって、客がみな大声で話しているために、たじろいでしまうものだ。入る店によっては、耳を聾《ろう》するようなこともある。

私は一九五〇年代後半に、アメリカの大学で学んだ時に、幕末に、日米修好通商条約の批准書を交換するために、アメリカへ渡った遣米使節団の手記を思い出した。

使節団が万延元（一八六〇）年にサンフランシスコに到着して、市長の歓迎レセプションに招かれた。ホールには、市の有力者が詰めかけていた。

宿舎に戻った後に、副使の村垣淡路守範正《むらがきあわじのかみのりまさ》が、すっかり呆《あき》れて、その時の印象を次のように記している。

「席中のやかましいことは、言葉につくしがたい。（略）悪く言えば、江戸の市店などの鳶人足《とびにんそく》の酒盛りもこのようなものと、思われる」（『万延元年第一遣米使節日記』）

日本人にとっては、西洋人であれ、中国人、韓国人であれ、アラブ人であれ、外国の人は饒舌《じようぜつ》で、絶え間なく喋《しやべ》り続けるから、違和感を覚えることになる。

そのうえ、声が大きいので、その国にしばらくして慣れるまでは、何と品性を欠いている人々なのかと誤解して、見下げてしまうものだ。

しかし、これらの国では、人々が歴史を通じて、日常、異民族と接触しなければならなかったのに加えて、王朝が興《おこ》っては亡《ほろ》び、支配者がそのつど入れ替わった。

そのうえ、他民族による侵略をしばしば蒙《こうむ》った。人々は新しい支配者のもとで、人智をつくして、生き延びなければならなかった。

日本が頻繁に天災に見舞われる国であるなら、これらの諸国は絶えず、人災によって苦しめられてきたから、人々は信頼し合うことができず、自らの身を守るために、つねに自己を中心に置いて主張するか、時によっては、必死に、弁解しなければならなかった。

したがって、人々の口数が多く、声が大きいからといって、不快に感じてはなるまい。同情しなければ、ならないのだ。

日本人は和によって、結ばれてきたから、いつだって謙虚で、控え目に振る舞い、寡黙なのだ。そこで、大きな声を出したり、大袈裟な身振りをすることを嫌う。

私たちは日常会話のなかで、和服から、和装、和食、和室、和歌、和菓子、和傘、和風、和文まで、「和」がついた言葉を、ふだん深く考えることなく使っているが、和の心こそが日本人を、日本人たらしめてきた。それが、日本の力の源《みなもと》となってきた。

なぜ、日本語に「心」のついた単語が多いのか

日本語のなかでは、「心」がついた熟語が、数多く存在する。

私が所蔵している全二〇巻の『日本国語大辞典』（小学館）によって、「心」が頭についた言葉をひくと、「心相《こころあい》」から始まって、「心有《こころある》」「心合《こころあ》わせ」「心意気《こころいき》」「心一杯《こころいっぱい》」「心入《こころい》

り」「心得《こころえ》」「心覚《こころおぼ》え」「心堅《こころかたし》」「心掛《こころが》け」「心構《こころがま》え」「心配《こころくば》り」「心化粧《こころげしょう》」「心様《こころざま》」「心魂《こころだま》」「心盡《こころづく》し」など、四〇〇近い言葉が、これでもか、これでもか、というように出てくる。日本は、心の民なのだ。

ちなみに、三省堂の『最新コンサイス英和辞典』でheartをひくと、heartache（心痛）、heartbeat（心臓の鼓動）から、heartwood（材木の心材）まで、わずか二六の熟語しか載っていない。英語をはじめとするヨーロッパ諸語では、「心」は動物の心臓に近いのだ。

ヨーロッパやアメリカで、四、五〇人から一〇〇人くらいのパーティに出席すると、じつに騒々しい。西洋人はボクサーが、つねにフットワークを踏んでいなければ、殴り倒されてしまうように、隣りに見知らぬ人がいても、話しかけて、休みなく喋り続けなければならない。

日本で、このようなパーティに参加する時には、隣りの人と一言も、口をきかなくてもよい。

神前に罷《まか》り出たように、一言も発しないで帰っても、それでよい。ただ、そこにいて、参加することが、大切なのだ。

日本では結婚披露宴に招かれても、周囲の人々と話さずとも、そこの雰囲気に浸っていさえすればよい。

日本では饒舌な人は、軽く見られる。相手に遠慮して、口数を努めて少なくするのが、礼儀とされている。

ところが、西洋では日本のように、ほとんど口を開くことがない人は、その場に対する興味を失っていると、解釈される。ストークス氏が言うように、狡《ずる》いからとか、頭が悪いからとか、体の具合でも悪くて、元気がないからだと、受け取られる。

西洋人は、自己主張しなければ、認められない。だから、人々に能動的に働きかけるのに対して、日本では相手を大切にするから、受け身であるのが望ましい姿となっている。日本は受け身の文化なのだ。

英語をはじめとする、西洋諸語が備えている最大の機能は、自己を主張し、自己を存分に表現することである。和がない社会だからだ。

それに対して、日本語に備わっている最大の機能は、和が重んじられているから、できるだけ相手に合わせることにある。

日本人のあいだでは、「もっともですなあ」「さようでございます」「はあ、はあ、なるほど」と相槌《あいづち》をうったり、「ハッハッハッ」という笑い声を連発して、合わせていれば、事が足りる。

私は前出のサイデンステッカー教授や、パッシン教授と話す場合に、時によって英語になり、日本語だったりした。

そんな時に、気がついたが、英語になると、二人の教授とも語気が強まり、日本語となると、声量が小さくなった。日本語を話すと、自己主張を抑えようとする力が、働くのだ。

日本の文化とは「心を分かち合う」文化

日本人が寡黙なのは、日本社会においては、自己主張する必要がないからなのだ。

私は国際人という言葉を、嫌っている。そろって、軽薄だからだ。

国際人を気取る日本人が、「日本人が黙って意味もなく微笑《ほほえ》むのは、外国人からみると、気持ちが悪いからやめるべきだ」というのを、聞いたことがある。理由《わけ》もなく微笑むのは、恥ずかしいことだというのだ。

日本人であるくせに、日本が洗練された和の文化であるから、笑《え》みを絶やさないことを、知らないのだ。

人が微笑むほど、素晴らしい贈り物はない。ヨーロッパ諸語には、「心を合わせる」という表現がない。意味がなくても、微笑むというのは、美しいことではないか。

西洋社会では、相手が目上だから、黙っていなければならないということは、まったくない。

日本では上役や、目上の人と同席した場合に、下の者が、上の者を差しおいて話すのは、礼を失する。そこで、上役と一緒に出席した時には、まったく口を開かないことがある。

このような考え方は、西洋にはまったくない。発言するということでは、目上目下という別け隔てがまったくなく、同格で、平等である。

西洋では、多くの民族が地続きで、生活してきた。多くの文化がいつもぶつかり合う、多様な社会であってきた。日本のように小さな列島に、ほぼ単一である民族が、体をすり寄せあって暮らしてきたのとちがって、「以心伝心」ということがあるはずがないから、相手が何者なのか、知らなければならなかった。

私はアメリカに留学したあいだに、何人かの女子学生と、デートした。ところが、のべつ幕なしに喋り続けなければならないので、すっかり疲れてしまい、辟易《へきえき》した。

英語で「共同体」を意味する「コミュニティ」communityの語源は、ラテン語のコミュニカーレcommunicareからきている。「分かち合う《シェア》」という意味だ。

他のヨーロッパ諸語も同じことだが、英語をはじめとして、ヨーロッパ諸語は日本語に似ていて、日本語のなかに中国から多くの漢語が入ったように、ラテン語やギリシア語がもととなった言葉が、混じっている。

「コミュニケーション」「コミュニケート」「コミューン」「コミュニズム」（共産主義）も、同じラテン語の「コミュニカーレ」からきている。

だが、日本の共同体は、心を分かち合うことによって成り立っているが、西洋の共同体は、心ではなく、利益を共有することによって結ばれている。

日本だけにある俳句は、日本人の寡黙さを、よく表わしている。俳句は小粒だが、強く輝く宝玉のように、美しい。社交の場である茶室では、ことさらに沈黙が重んじられる。寡黙であるから、口に出さなくても、何を欲しているか、察しあった。

日本はつねに、分かち合う社会であってきた。和歌や俳句は、西洋の詩が、作者の主観に基づいているのに対して、日本では作者が誰であってもよい。「古池や　蛙《かわず》飛び込む水の音」という句の作者は、芭蕉でなくても、誰であってもよいのだ。みんなの共通体験を、切り取ってうたっている。

和歌や俳句は、表現が控え目だ。西洋や中国の詩のように直截《ちょくせつ》的ではなく、察し合うところに、大きな特徴がある。

日本に対する偏見の最たるものとは

日本、あるいは日本文化を、世界の人々に理解させせて、世界が日本文化を手本にするべきだ。

しかし、ぜひ、そうしたいと願っても、日本は長年にわたって、外の世界――とくに欧米から、偏見によって歪《ゆが》められた目で見られてきたから、一朝一夕《いっちょういっせき》にできることではない。

このような偏見を正すのは、並大抵《なみたいてい》のことではない。

私は二〇一五年二月に、日本外国特派員協会《プレスクラブ》で、慰安婦問題について、頼まれて記者会見を行なった。

これは、慰安婦問題というよりも、正しくいえば、朝日新聞社が慰安婦について捏造《ねつぞう》報道を続けてきたことに抗議して、朝日新聞社に対して、原告が二万五〇〇〇人にのぼる集団訴訟を起こしたことについて、記者会見を行なったのだった。この集団訴訟は、テレビ制作会社「日本文化チャンネル桜」の水島総《みずしまさとる》社長が、中心となった。

東京・有楽町のプレスクラブの会見には、百数十人の記者が出席した。

私は原告のなかの一人だったが、水島社長から求められて、二人で会見を行なった。

私がはじめに一〇分ほど、発言した。まず私はプレスクラブが会見に当たって、会員に配った案内のなかで、私を「リビジョニスト」――歴史修正主義者と呼んでいることに対して、抗議した。

「日本はアメリカの占領によって、歪曲《わいきょく》された歴史を強要されたのであって、私は正しい歴史観の持ち主だ。リビジョニストというのならば、アメリカの占領軍こそ、そう呼ぶべきだ」と、言った。

もともと、「リビジョニスト」という言葉は、二十世紀に入ってから共産党が造った用語で、共産党指導部の唯一つの正しい考え方から逸脱した、異端分子を指すのに使われた。「リビジョニスト」は、抹殺しなければならなかった。

スターリンが、メキシコに逃亡した政敵のトロツキーを暗殺し、毛沢東が文化大革命を仕掛け、政権を独り占めするために、劉少奇《りゅうしょうき》国家主席を苛《いじ》め殺すのに当たって、用いられた。

そのうえで、私は日本の官憲が慰安婦を拉致して、性奴隷《セックススレイブ》となることを強制した事実は、どこにもまったくなく、職業的な売春婦にすぎなかったと、説明した。

水島社長の発言に続いて、記者たちとの質疑応答に入った。

アメリカの記者がまず挙手して、立ち上がった。

名前と新聞社名を名乗ったうえで、私に宛てた質問だと言った。

「あなたはそう言うが、今日では日本が無辜《むこ》の娘たちを拉致して、性奴隷となることを強要して、人道を踏《ふ》み躙《にじ》ったことは、国際的な常識となっている。あなたは世界の常識に、逆らっている。それでもよいのか」と、語気を強めて、詰め寄った。

私は腹が立ったので、「日本は長い歴史を通じて、奴隷制度を一度たりとも、行なったことがない。アメリカは十九世紀後半まで、奴隷制度があったではないか。そのような国の者から、そのような質問を受けたくない。もっと、日本について勉強しなさい」とだけ、答えた。

出席していた、何人かの日本人記者から、拍手が起こった。

安倍首相が靖国神社に参拝した時には、『ニューヨーク・タイムズ』紙をはじめとするアメリカのマスコミから、「リビジョニスト」として、囂々《ごうごう》と非難する声があがった。

中国、朝鮮から、中東、ヨーロッパ、アメリカまで、奴隷がいたのに、日本には奴隷が存在したことがなかった。

日本では古来から、大虐殺が行なわれたこともなかった。

中国の南京、北京《ペキン》でも、ヨーロッパのパリ、ベルリンでも、都市が高い城壁によって囲まれており、攻略されると、しばしば女子ども、赤児まで住民全員ぐるみで、大虐殺が行なわれた。

戦国時代の日本では、町や村の人々が小高い丘から、弁当を持参して、合戦を見物したという記録がある。

合戦は武士と兵卒だけが、戦った。敵が降伏した場合は、城主一人が切腹すれば、他の全員が許された。日本の戦争文化は、中国や西洋と、まったく異なっていた。

神道では、血を穢《けが》れとして嫌っている。日本人は血を大量に流すことに、耐えられないのだ。

アメリカは開拓時代が終わるまでに、原住民であるインディアンを、三〇〇万人以上も殺戮《さつりく》した。

アメリカが十九世紀末にフィリピンを攻略して、植民地とした時（一九〇二年）に、フィリピン人の民衆が一〇年にわたって抵抗したために、五〇万人以上を虐殺した。

一九四五（昭和二十）年に、アメリカが広島、長崎に原爆を投下し、東京大空襲が行なわれるまで、日本国内では一度も、大虐殺が行なわれたことがなかった。

さらに、朝鮮、中国、中東から、ヨーロッパまで、宦官《かんがん》が存在した。日本はこの残酷きわまりない悪習を、真似ることがなかった。

韓国の李《り》朝の宮廷には、日韓併合まで宦官がいたし、ヨーロッパにおいて、キリスト教会が宦官を廃止したのは、明治十一（一八七八）年のことだった。

日本は古来から、大陸から渡ってきた帰化人を温かく迎えて、仲間として吸収してきている。日本は今日に至るまで、外の世界と違って、人種差別を行なったことがなかった。

外交で何よりも心すべきこと

私はしばしば、外交の第一線に立ってきた。

この体験から、外交で何よりも一つ、心すべきことがあることを、覚《さと》らされた。

まるで、鏡のなかの自分の姿を見るように、相手国も、自分と同じような価値観や、感性を持っていて、同じように考えて、同じように行動するはずだと思い込む罠《わな》に、陥りやすいことである。

私は英語で「ミラー・イメージ」と、名づけたが、外交に当たる時にもっとも心して、避けなければならない、落とし穴である。

これは、どの外国と折衝《せっしょう》する時にも、あてはまる。

日本は日米戦争の開戦に至るまで、アメリカも日本と同じように、平和を願って、日米戦争を回避しようと、努めているはずだと信じた。そのために、最後まで日米交渉に誠実に取り組んだのが、そのよい例である。実際には、もうアメリカは、日本と戦争をすることに決めていた（前出の『なぜアメリカは、対日戦争を仕掛けたのか』で、詳しく述べている。ぜひ、お読みいただきたい）。

戦後も、日本は自ら仕掛けた深い罠に、陥った。そのために、中国、韓国から、すっかり侮《あなど》られるようになっている。

「中国人も、韓国人も、同じ人間だ」「日中友好」「日韓親善」を、口にするだけならば、実害をともなわないからかまわないが、同じ人間だからと思って、警戒心を解いてしまうと、今日のように、大火傷することになる。

毅然たる態度をとるべき時には、躊躇《ためら》ってはならない。このところ、嫌中、嫌韓感情がたかまっているが、後の祭りである。

欧米人も、日本についてまったく無知だから、日本人も自分たちと変わらないと、思い込んでいる。

だから、まったく事実ではないのに、「南京大虐殺を行なった」とか、「慰安婦は性奴隷だった」と、信じている。

「ミラー・イメージ」が、働いているのだ。日本を理解させるためには、この「ミラー・イメージ」を壊さなければならないが、容易なことではない。

「男性上位の国」という大いなる誤解

ストークス氏が、欧米人が日本に対していだいている偏見の代表的なものとして、日本が男性上位の国であり、女性が虐げられていると信じていることを、挙げている。

これは、とんでもない誤解だ。日本ほど古代から女性が、自由奔放に、生きてきた国はない。

私は高校生のころから、『徒然草《つれづれぐさ》』を愛読してきた。「よろずにいみじくとも、色好まざらん男は、いとさうざうしく（物足りない）、玉の卮《さかずき》（杯）の当《そこ》（底）なき心地ぞすべき」と、戒《いまし》めている。私は女好きなことでは人後に落ちないから、女性にいっそう輝いてほしいと願っている。

『古事記』（七一二年）は日本最古の歴史書だが、日本はそこに描かれている時代から、世界で女性がもっとも輝く国を、形成していた。

『古事記』には、第十六代天皇の仁徳《にんとく》天皇が、大雀命《おおさざきのみこと》として登場する。

天皇は皇后の石之日売命《いわのひめのみこと》に終生惚れ込みながら、八田若郎女《やたのわかいらつめ》に心を奪われ、后に八田姫を娶《めと》る許しを乞《こ》う。后は夫を同じように愛していたが、依怙地《いこじ》になって拒んで、京都南部の山城《やましろ》の国の御殿に去ってしまう。

天皇は舎人《とねり》に后を慕う歌を持たせて、后のもとに差遣する。大雨のなかを舎人が庭先で平伏して、お戻りいただくよう懇願するが、会おうともしなかった。皇后は没するまで、天皇に従わなかった。

『古事記』は、后が嫉妬深いと描いているが、今日の日本にも激しい女性が珍しくない。

額田王は『万葉集』の女性のなかで、輝く明星である。秀逸な歌人であり、のちの天智《てんじ》天皇となる中大兄と、その弟で天武天皇となる大海人《おおあま》の二人を、恋人とした。

『万葉集』には、多くの才気煥発な女性が、名をとどめている。この時代に、世界では女性は男性に従属していて、ほとんど読み書きもできなかったのに対して、日本では女たちが男に劣らない、豊かな教養を身につけていた。

紫式部はいまから一〇一七年前に、一九歳上の藤原宣孝《ふじわらののぶたか》と結ばれた。

式部は二十六歳前後で、初婚だった。宣孝は中級の役人で娘を一人もうけるが、二年後に亡くなってしまう。式部は宮中に働きに出て、今ふうにいうとOL生活をしながら、人類史上、初めて女性が書いた小説となった『源氏物語』を著した。

『紫式部日記』も遺しているが、火事や泥棒に入られた話も出てきて、一〇〇〇年前の日本もいまとあまり変わっていないことを、教えてくれる。

紫式部は、光源氏を称《たた》えるかたわら、叩くところは叩いている。

世界にも稀《まれ》な平安時代の女流文学

平安時代には才女たちが、絢爛《けんらん》たる筆を競った。

清少納言も『枕草子』のなかで、男をやり込めている。清少納言は十五歳前後で結婚し、離婚した後に、再婚もした。

平安朝で最大の歌人は、『和泉式部日記』の和泉式部である。

私は日本文学史上で、最高の詩人だといいたい。恋心や、孤独や、哀愁を歌って、右に出る者はいない。二十歳で結婚して、再婚しなかったが、多情で、同時に多くの恋人をもっていたために、当時から「浮《う》かれ女《め》」「遊び女」といって、非難されている。

『源氏物語』によって触発された菅原孝標女《すがわらのたかすえのむすめ》は、日記文学の白眉である『更級日記《さらしなにっき》』を著したが、三十三歳で結婚している。

あのころは、女性が十二、三歳で結婚したが、今も昔も、才女は晩婚なのだ。『更級日記』の記述は、十三歳から四十歳までに、わたっている。あの時代の世界で、日本の女性だけが、日記をつけた。

ヨーロッパで、女性が小説を書くのは、十八世紀まで待たなければならない。中国、朝鮮、インドなどで女性が小説を書くのは、その後のことだ。日本はじつに稀《まれ》な国だった。

平安時代の『土佐日記』は、男性の紀貫之《きのつらゆき》が筆者だ。「男もすなる日記といふものを、女もしてみむとてするなり」と、始まっている。作者が女性を装って、平仮名で綴《つづ》っている。

いったい、あの時代の世界の他のどこで、男性が女性を装って筆をとったものだろうか。

この時代に、藤原道綱母《ふじわらのみちつなのはは》の『蜻蛉日記《かげろうにっき》』がある。十九歳から、二〇年あまりの日記だが、結婚生活の恨みや辛《つら》みを、率直に記している。

このなかの「なげきつつひとり寝る夜のあくるまは　いかに久しきものとかは知る」という歌は、鎌倉時代の『小倉百人一首』にも収録されている。

この時代は妻問婚《つまどいこん》で、男は何人もの妻を持てたが、妻のほうも、何人も男を持てた。道綱母は夫の兼家《かねいえ》に、立腹することが多く、兼家に「おお、こわや、こわや」といわせている。

『蜻蛉日記』は『源氏物語』よりも、一世代前に書かれた。夫婦生活をきわめて写実的に描いていることに、驚かされる。

この本は、結婚前の男女にすすめられない。

やはり平安朝に赤染時用《あかぞめのときもち》の娘だった、赤染衛門《あかぞめえもん》の作とされる『栄花物語《えいが》』は、女たちの生活をつぶさに描いている。

私は学生時代から、とくに平安時代に強い関心をいだいていたので読んだが、四〇帖

（巻）にわたって、文体もどうということなく、正直なところ退屈させられた。だが私は国際政治を学んでいたので、日本の政治文化を知るうえでは、欠かせないと思った。『栄花物語』をひもとくと、当時の女性たちが衣裳に目がなく、いまでいえばブランド物や化粧品を買い漁《あさ》る、何が欲しいのか、自分で勝手に決めているところを、学ばせられた。

私は社会勉強のために、たまに百貨店を覗《のぞ》くが、女性服を扱っている階が三、四フロアもあるのに、男物は一フロアしかない。いまも昔も、日本は変わっていないのだ。

このほかに、平安朝の女たちが書いた多くの作品が、散逸してしまったはずだ。実際には、もっと多くの作品が書かれたことだろう。

『古事記』には、まだ和歌は登場しないが、男女が数多くの美しい歌を交換している。その後、恋人や夫婦がさかんに、相問歌や贈答歌を交わしているが、男女が対等であって、はじめて成り立つことである。

一〇〇〇年前の日本で、高位の役人である地方長官の国造《くにのみやつこ》は世襲制だったが、女性もいた。

私は都心に住んでいるが、毎朝、小さな庭先に、雀《すずめ》がやってくる。一〇〇〇年前にも、雀はまったく変わらなかったはずだ。

私たち日本人も、古代から変わっていないだろうと思う。そうなると、『古事記』も『源氏物語』も、つい昨日のことのように、身近に感じられる。

イギリスのエリートは全員が、ギリシア、ローマの古典はもちろん、『ベーオウルフ』や、チョーサー、シェイクスピアをはじめとする、英文学の古典に通じている。

ところが、日本では政官経済界のエリートのほとんどが、自国の古典を読んだことがない。これでは、日本の国益を守ることができない。

「父国」ではなく「母国」というのは日本だけ

世界の主な国の神話や宗教のなかで、日本の最高神が女神であるのは、珍しい。

朝鮮神話の檀君《だんくん》、中国神話の天帝《てんてい》、エジプトの主神である太陽神のラー、インドのヒンズー教神話の宇宙の創造神であるブラジャーパティ、ヒンズー教の流れのなかから生まれた釈迦、同じ唯一神を拝んでいるユダヤ・キリスト・イスラム教も、ギリシア・ローマ神話のゼウスとユピテル、北欧のオーディンなども、すべて男性神である。

天照大御神は主神であるものの、他の神話の主神たちと違って、絶対権力を振るっていない。

日本では、神々がつねに神謀《かむはか》って、あらゆることを集議制によって、決定している。日本は、女性が優《まさ》っている文化なのだ。

父親が、できる子どもとできない子どもを区別して競わせるのに対して、母親はできる子も、できない子も、均《ひと》しく愛して守ってくれる。

父親は子に義務を課すが、子は優しい母親に甘える。

日本では祖国のことを、母国と呼んでいる。私たちが国に対していだくイメージは、母親なのだ。父親を連想しない。

フランス語で祖国は patrie（父国）であって、母国という表現がない。英語でも、ドイツ語でも、母国 motherland, Mutterland という言い方もあるにはあるが、ふつうは父国——fatherland, Vaterland という。

愛国者は英語で patriot, ドイツ語で patriot, フランス語で patriote, イタリア語で patriota というように、ヨーロッパ諸語の根となっている、ラテン語の父国 patri から、発している。父国に対する忠誠なのだ。もちろん、ラテン語に母国という言葉は、存在していない。

私たちが「愛国」という時には、母なる国を愛しているのだ。

いまでも日本では、母を母堂というが、なぜ、父堂という言葉がないのか（「尊父《そんぷ》」とはいうが）。どうして、構内でもっとも主要な家屋を、母屋《おもや》というのだろうか。出身校を母校と呼んでいるのも、同じことだ。

日本には、母を称える歌が多いのに、なぜ、父に感謝する歌がないのだろうか。

「かあさんは夜なべをして／手ぶくろ編んでくれた……かあさんのあかぎれ痛い／生味噌《なまみそ》をすりこむ」という『かあさんの歌』は、私たちの胸をゆさぶる。

女性は感じやすく、心が細《こま》やかである。それに対して、男性は粗削《あらけず》りで、荒々しい。

日本の心が優しく、繊細であるのは、女性が優る国であってきたからだ。

『万葉集』が私たちの胸を打つのも、平安文学が優れているのも、男性が女性を喜ばせようとして、女性に合わせて、細やかな心遣《こころづか》いをしているからだ。

美に対する日本人の日常的な心配《こころくば》り

日本文学の大きな特徴は、恋と、もう一つに季節感にある。

日本人の生活は、美の上に成り立っている。

ストークス氏が、駅の改札口でふと目をとめた一輪挿しの花と、ちらし寿司の美しさを、感嘆している。

日本人の美への心配りが、日常生活のさまざまなものに、現われているのだ。

俳句も、和食も、着物も、季節感によって生命《いのち》が与えられている。私たちは自然と、一体になってきたのだ。

私は外国から友人がくると、和食の店に案内する。和食の美しさは、世界に類《るい》がない。

私たちにとって、当たり前のことになっているが、日本では日常的に、正方形や長方形、五角形、六角形などの器が使われ、なかには、紅葉《もみじ》や瓢簞《ひょうたん》、富士山の形をした器まである。

だが、世界のどこへ行っても、皿といえば、朝鮮半島、中国から、ヨーロッパまで、円形のものしかない。せいぜい、楕円形だった。

私は外国から来た客に「どうしてあなたの国では、皿や食器は、丸いか、楕円形のものしかないのでしょうか」と、たずねる。すると、たずねられたほうが、きょとんとして、驚いたものだ。

この三〇年ほどは、世界中で四角い皿が使われるようになっている。

日本料理は味もさることながら、まず、目で堪能する。素材の色や、形の組み合わせに配慮して、しつらわれている。

夏目漱石《なつめそうせき》の『草枕《くさまくら》』の主人公は画家だが、こう言わせている。

「一体西洋の食物で色のいいものは一つもない。あればサラドと赤大根ぐらいなものだ。滋養の点からいったらどうか知らんが、画家から見るとすこぶる発達せん料理である。そこへ行くと日本の献立《こんだて》は、吸い物でも、口取《くちとり》でも、刺身でも物ぎれいにできる。会席膳を前へ置いて、一箸《ひとはし》も着けずに、ながめたまま帰っても、目の保養からいえば、お茶屋へ上がったかいは充分ある」

口取は本料理の前にだす、突き出しの肴《さかな》である。

外国人のなかに、「変形の皿だと、洗うのに手間隙《ひま》がかかるからだろう」と、答える者がいる。だが、ヨーロッパでも、アメリカでも、飛びきり高価な皿を使うことがある。私は、フランス料理店で美しい皿を使っていたので、たずねたところ、一枚が一万円もする、と言った。このような皿であったら、慎重になって洗うはずだ。私だってそうする。

ならば変形の皿だって使ってもよさそうに思うが、なぜか、そうはしない。

日本人は美意識によって、心を働かせている。西洋人だけとっても、いったい、いつになったら、日本の心に倣《なら》ってくれるだろうか。

日本で菓子文化が突出して発達した理由

世界のなかで、もっとも精緻《せいち》で美しい菓子といえば、日本の和菓子と、ヨーロッパの洋菓子しかない。

中華料理はフランス料理と並ぶ、世界の二大料理だといわれるが、菓子となると、月餅《げっぺい》ぐらいしかない。

韓国には米などの粉の生地を油で揚げた、ハングァがあって、高麗《こうらい》朝に生まれたというが、土産《みやげ》に買って帰りたいとは思わない。

東南アジア諸国や、インド、中東にも、感心するような菓子がない。

日本とヨーロッパで、突出した菓子文化が発達したのは、女性が自由だったからだ。

中国では、良家の女性は幼い時から、纏足《てんそく》が施されていたから、自由に行動できなかった。

韓国では、上流階級の両班《ヤンバン》の妻や娘たちは、墓参り以外には、外出することができなかった。中東では、今日でも女性は、家族の男性にともなわれなければ、家から外へ出られない。

日本とヨーロッパでは、女性が自由に行動することができたから、女どうしの付き合いがあったために、菓子文化が発達した。

日本女性こそが、日本の誇り

もし、日本が日本らしさを失ってしまったら、世界の人々が日本に魅せられることが、なくなってしまう。

ストークス氏は、このところ、日本が、品性を欠いたアメリカの低俗な物質文明によって蝕《むしば》まれているといって、憂《うれ》えている。私も、同感だ。

私は日本文化のなかで、古来から、もっとも誇ることができるのが、日本の女性であると信じてきた。

日本文化の粋《すい》といったら、日本女性であってきた。

日本を世界のなかで、秀でた国としてきたのは、日本の母たちの力によるものであってきた。

だから、日本では歴史を通じて、どの時代にあっても、母が敬われ、慕われてきた。

ところが、このところ、日本女性の劣化が進んでいるのは、恐ろしい。日本の危機である。女性こそが、日本のしっかりとした土台であってきた。男性はその上に立つ柱だった。

女性は、日本の宝だ。それなのに、なぜ、日本がこの宝を失おうとしていることに、目を向けないのか。

日本では古代から、先の大戦に敗れるまでは、男も、女も、自分の領域を守って、それぞれ男の心と、女の心を大切にして、自立していた。

もちろん、性の区別はあったが、差別はなかった。性による区別は、悪いことではけっしてない。男と女には、それぞれ生まれ持った、役割があるのだ。

幕末の志士たちと、明治に入ってから世界を瞠目《どうもく》させた、新しい日本を築いた男たちを育て、躾《しつ》けてつくったのは、日本の母たちだった。

日本の母たちは、誰もが豊かな教養を身につけていた。

教育は、技でしかない。心を磨く教養と、まったく違うものである。教養こそが、精神をつくっている。

ところが、今日の日本の女性は、教育（学歴）があるほど、教養がない。

このところ、日本では教養というと、表面を飾るものとして、みなされている。クラシック音楽や、翻訳劇を好んでいるわけでもないのに、「教養のために」劇場に出かけて、終わるまで忍耐強く座るといったように、今の教養はただの〝知っておくべきこと〟と、なっている。教養とは、そのような浅薄なものではない。

日本を見舞っている最大の危機

この三〇年ほどのあいだに、日本では男が男らしくなくなった。そのために、女性が女らしくなくなった。

それよりも、女が女らしくなくなったから、男が男らしくなくなったのだ。

その結果、日本が日本らしさを、急速に失いつつある。

日本の母は、世界一の母だった。日本の母は、凛《りん》としていた。いま、この母がどこにいるのだろうか。

これは、日本を見舞っている最大の危機だ。とくに、家庭において、妻たちが母としての責任感を捨てて、自己中心的になったことが、問題だ。

これは、先の大戦後に、男性のサラリーマン化が進んだことによって、夫である父親が家庭から不在になったために、どこを見ても、歪《いびつ》な家庭ばかりになったことが、大きな原因となっている。

今日の日本の平均的な家庭は、妻が支配しており、大切な子どもの教育も、妻に任せられている。そのために、家庭が母子の密室になってしまっている。

日本では、もともと母親が強かったが、男性の大多数がサラリーマン化したことによって、夫が不在の家で、妻たちが子どもに対して君主となった。

家庭と学校における教育が、母親に任せきりになるのでは、男らしい男を育てられるはずがない。

今日では教育は、母親と、学校と、塾の三位一体によって、構成されるようになっている。

PTA（両親教師会《ペアレント・ティーチャー・アソシエーション》）は、お母さんたちによって独占されているから、MTA（母親教師会《マザー・ティーチャー・アソシエーション》）と改名すべきだ。

MTAの二次会で、酔っ払ったお母さんと、教師が浮気をするのが珍しくないらしいが、教育が母親の独壇場となっているのは、由々《ゆゆ》しきことだ。日本だけに、「教育ママ」という言葉が存在している。

子どもが、いったい男とは、どのようにあるべきか、女とはどんなものなのか知るうえで、親しかサンプルがない。そのためには、バランスのとれたサンプルを見せてやることが、親のつとめであるはずだ。

男の子が母親のみによって育てられると、歪《ゆが》んだ男性像を持ってしまうことになりやすい。そのために、男の子たちが、いっそう女性化することになる。

ジャーナリズムが、女性の不満を煽《あお》り立てて、女性は外へ出るべきだ、という夢物語を、飽きることなく繰り返しているのは、腹立たしいかぎりである。七〇年代後半、地下鉄の駅で、「翔《と》んでいる女」というポスターを見たことがあるが、レコードの針が「とんだ」のを、連想してしまった。

夫婦も、蜜月《ハネムーン》の期間を過ぎると、男と女の世界に分かれて、バタンと扉を閉めてしまう。だが、大多数の男たちがサラリーマン化してしまうまでは、子にとって父親が、家にいることが多かった。

新婚時代に仲良くするのは、社会が許容するが、夫婦はこの時期を過ぎたら、むしろ距離を置くほうが、いまの社会の習わしになっている。

男だけが夜の社交界に繰り出すために、家庭に一人残された母親が、子どもに夫についてこぼしたり、悪口を言ったりするうちに、夫はいっそう家庭から、疎外されてゆく。

そこで、男が加害者になり、女が被害者になるという図式が、生まれやすい。

戦前までの日本では夫たちが、友人や同輩を自宅に誘って、妻に酌《しゃく》をさせて、一献傾けたものだった。

そういう時には、狭苦しい家であっても、家がよそ行きの舞台——パブリック・スペースとなった。外の世界が入ってきて、両親が客をもてなす姿を見て、子どものよい社会訓練となった。

いまでは、家は他人《ひと》に見せることができない、恥ずかしい舞台裏となっている。

現代日本における母と子の異常な関係

日本で昔から、父親についてあまり語られないのに、母親が神聖視されてきたのは、母親が献身的に子どもを育ててきたために、父親の苦労よりも、誇大に伝えられてきたからなのだろう。

ところが、このごろでは、母親が「お母さんは、あなたがたの犠牲になった」というつけを、つねに息子たちにまわしている。

福沢諭吉《ふくざわゆきち》は、九州の中津《なかつ》藩の大坂屋敷で、下級武士の末子として生まれたが、三歳になったところで、父親が病死した。

諭吉は母の於順《おじゆん》に連れられて、兄や姉とともに、郷里の中津へ帰った。

お於は、ことあるごとに、もし、父親が生きていたら、こう、仰言《おつしや》っただろう、こうなさっただろうと、まるで父親が生きているように演出して、子どもたちに言い聞かせた。

諭吉は晩年、口述によって『福翁自伝』を遺《のこ》しているが、「一母五子、他人を交えず世間の附合は少なく、明けても暮れてもただ母の話を聞くばかり、父は死んでも、生きているようなものです」と、述べている。

明治に総理大臣をつとめ、早稲田大学の創立者ともなった大隈重信《おおくましげのぶ》も、佐賀藩士の子だったが、幼い時に父親を失った。

自伝を読むと、やはり、母親が夫（重信の亡父）を、息子の前で、つねに立てた。

そのために、諭吉も、重信も、男としての誇りを、いだくことができた。

いまの子どもたちが、おとなになって回想録を書いたとしたら、きっと、「父は生きていても、死んでいたようでした」と、書くにちがいない。

日本に「腹を痛めて産んだ子」という表現が、昔からあるが、英語でこのような表現はない。

日本の女性は、とくに男女同権が言われるようになってから、子どもを産んだというよりは、「産まされた」と、思うものらしい。

このようなすべてのことが、男にとっては、生まれてきて申し訳なかったという、後ろめたさを、感じさせられることになる。育つうちに、母に対する原罪意識のようなものが、刷り込まれるようになる。

今日の日本では、モヤシのような、お母さんっ子の男が、増えている。このような子どもたちは、母親に対する巨大な負債によって、押し潰《つぶ》されそうになっている。

しかし、「お母さんは、あなたの犠牲になっている」といっても、それでは、お母さんが不甲斐《ふがい》ない夫と結ばれ、私たちのような愚かな子どもの世話に追われなかったとしたら、キュリー夫人となって、ノーベル賞を貰っていたというのだろうか。

それとも、マリア・カラスとなって、世界のオペラ劇場の舞台で歌いまくり、あるいはマーゴット・フォンテンとなって、『白鳥の湖』を軽やかに、華麗に舞っていただろうか。

それは、ちょっと、無理だろう。真実は、何よりも人を傷つけるが、イケメンでもなく、才能があるわけでもない、カッコウの悪い夫のお蔭でこそ、平和に暮らせて、感謝せねばならないというのが、現実であるはずだ。

それなのに、「もし、こうでなかったら、ああなっていたのに」という、汚れたカーテンのような夢が、未練がましくひらひらと、窓から下がっている家庭が多いのでは、困る。

「もし、こうでなかったら」という、薄汚れたカーテンが下がっている家庭に育つ子どもは、不運だ。

教育ママの裏に、「生まれてきて、悪かった。このうえは、何とかして償《つぐな》い、母を喜ばせなければならない」と言って、勉強に励む孝行息子がいたら、気の毒なことだ。

このような少年は、心の奥底では、架空の負債によって息子を縛る母親を、疎《うと》ましく思うために、隠れた怨念があり、自分を歪めるだけではなく、将来、健全な女性像を持つことができなくなる。

いまの日本では、母子関係の密室化が進んでいる。誰も介入することができない、母子関係の無法地帯のなかで、誘拐犯と人質との関係のように、子どもを抑え込む母親が、増えている。

無抵抗の子どもを、好き放題にいじくりまわす。塾に送って、無理な夢を描く。そのうえ核家族で、父親不在となると、小さな人質の運命は、ますます悲惨なものだ。そのかたわら、人質を見殺しにしている父親が多い。

教育ママが増えて、男の子たちがその重圧のもとで喘《あえ》ぐのも、本当は教育熱心であるとか、子どもの将来を思っているというよりは、母親の欲求不満の捌《は》け口となっている要素のほうが、大きい。

女だけによって育てられた男では、男らしく育つはずがない。

母親によって独占されて育った男の子は、依頼心が強い人間となる。受験地獄に勝ち抜いて、よい小学校や、中学校や高校、大学に入ることができても、エスカレーターに対する依頼心が強い、不甲斐ない人間に、なるだけのことだ。

物欲社会が生んだ「一流大学信仰」

それにしても、今日の日本では一流大学に子どもを入れたいというのが、全国民の憧《あこが》れとなっている。異常なことだ。

戦後、日本では、入試以外に神聖なことが、なくなってしまった。だから入試の試験場を覗いてみれば、宗教的儀式のようになっており、絶対的なものである。

私は死刑に立ち会ったことはないが、入試の試験場には死刑場より、もっと張り詰めた、厳粛な雰囲気があるにちがいない。

私は結婚したばかりの若い女性から、子どもを産むのなら、夏までに産んだほうが受験に有利になるときかされて、肝を潰《つぶ》したことがあった。

遅く産んでしまうと、小学校の受験の時に、早く生まれた子どもと、大きく差がついて、不利になるのだという。吃驚《びっくり》して、さらにたずねたところ、幼児で一〇カ月前後も、歳《とし》がひらいてしまうと、上の子どものほうが有利になるからと、説明してくれた。

子どもを産む時期まで、調整しなければならない。ということになると、受験戦争も大変である。子どもの身になってみれば、受験のために、生まれてくるようなものである。

しかし、どうして、誰もが一流の学校に入りたがるのだろうか。評判のよい幼稚園に入れば、よい小学校、中学校、高校に通って、よい大学を出れば、立身出世の手立てになるからである。今日の大学は、その登竜門となっている。

だが、本当の学問は、立身出世の手立てではなく、私たちが生きている世界がどのようなものか、究《きわ》めるものであるはずだ。真理の探究である。人類に進歩をもたらした人々は、みな、このような情熱によって、支えられてきた。

そこで、大学に進んでみても、ほとんどの学生たちが学問でなく、学業に取り組むことになる。

何が何でも、子どもを有名校に入れたいというのは、学問とはまったく関係がない。有名校を卒業すれば、一流官庁や企業に就職できるからこそ、誰もが有名校に入りたいと思うし、親が裏金を一〇〇〇万円も包むのである。もし、大学が学問の府であったとしたら、どこの親が一〇〇〇万円も包むのだろうか。

ほとんどの大学は、「大学」と称しているべきではない。〝早稲田就職機構〟とか、〝慶応就職準備センター〟といったように、改名すべきだ。そのほうが、実態を正しく伝えられる。

今日の日本に見られるような、物欲にのみ駆られて、弛緩《しかん》してしまった社会は、真っ当であるべき社会を深く傷つけることになる。

日本人だったら、誰でも『故郷《ふるさと》』という歌を、知っているだろう。大正五（一九一四）年につくられて、学校唱歌として採用された。

今日でも多くの場で、愛唱されている。寿命の長い歌だ。

一、兎追《うさぎ》いしかの山　小鮒《こぶな》釣りしかの川
　夢は今もめぐりて　忘れがたき故郷《ふるさと》
三、志《こころざし》をはたして　いつの日にか帰らん
　山は青き故郷　水は清き故郷

いまでは、三番が歌われることがなくなった。

ついこのあいだまで、日本の青少年は私欲をみたすためではなく、国と社会のために、役に立とうという向上心――志《こころざし》を抱いて、学んだものだった。

今日の若者が、すぐに挫《くじ》けてしまうのは、志がないためだ。

女のペットのような若者や、新入社員が増えているのも、父をモデルとした、男らしさを身につけることが、できなかったからにちがいない。

第2章　一神教徒と多神教徒

モースが日本の教壇で感動した理由

ストークス氏が縄文時代と、『古事記』を取り上げている。

ストークス氏は、八世紀初頭に編纂された、この日本最古の歴史書を読んだことがある者が、日本人のなかで、きわめて少ないことに驚いて、嘆いている。

『古事記』は宇宙が自成して、誕生した経緯《いきさつ》から始まって、日本の生い立ちが、述べられている。

中国神話も、ギリシア・ローマ神話も、ユダヤ教の聖書《トラ》も、人格神が宇宙を創造している。

それに対して、『古事記』によれば、大自然である宇宙は自成して、存在するようになった。

日本人のほうが直感的に、太古の昔から自然の本質を、とらえていたのだ。

明治十（一八七七）年に、創設されたばかりの東京大学において、アメリカから生物学の教授として招聘《しょうへい》されたエドワード・モースが、進化論について、はじめての講義を行なった。

モースは進化論者の動物学者で、ハーバード大学を卒業後、ボードウィン大学の教授を務めていたが、〝お雇い外国人〟の一人として、来日していた。

この日、モースは感動した。回想録『日本その日その日』のなかで、この時のことを、つぎのように述べている。

「演壇の右手には（中略）お盆が二つ、その一つには外国人たる私のために水を充《みた》した水差《みずさし》が、他の一つには、日本における演説者の習慣的飲料たる、湯気の出る茶を入れた土瓶《どびん》がのっていたが、生理的にいうと、後者の方が、冷水より咽喉によいであろう。

聴衆は極《きわ》めて興味を持ったらしく思われ、そして、米国でよくあったような、宗教的偏見に衝突することなしに、ダーウィンの理論を説明するのは、誠《まこと》に愉快だった。講演が終わった瞬間に、素晴らしい、神経質な拍手が起こり、私は頰《ほほ》が熱するのを覚えた」

ダーウィンの理論は、宇宙が神によることなく、自然によって創造され、「適者生存」の原則に従って種《しゅ》が進化してきた、というものである。

アメリカでは、進化論は二十一世紀の今日でも、全国にわたって、キリスト教会や信者による強い抵抗にあっている。だが、日本では、そのようなことがなかった。日本人の伝統的な自然観に、かなったものだったからである。

ユダヤ教の唯一つの聖書《トーラ》であり、キリスト教にとっての『旧約聖書』が、「神が自らの姿に似せて、人間を創り給うた」と述べているが、世界のどこにおいても、それぞれの地域の人々が、自分の姿に似せて、神を創ったのだったと、私は思う。

神や神々のありかたは、それぞれの地域の文化を反映している。どの宗教も、民芸品なのだ。

自然が自成して現われたというのは、日本人が自然と一体になっていて、太古の昔から日本人が直感的に、自然をよく知っていたことを示している。

『古事記』は、けっして難しい本ではない。詩的な本だ。古代人の奔放な想像力が、溢れている。

登場する神々が、喜び、悩み、怒り、悲しむありさまや、グリム童話のような寓話《ぐうわ》や、天皇の恋まで、語られている。

日本で「童話」という言葉は、江戸時代に生まれた。多くの子ども向きの本が、出版されていた。

西洋ではキリスト教会が力を持っていたために、十八世紀に入るまで、子ども向きの本といえば、宗教、道徳、礼儀を教えるものしかなかった。児童文学は産業革命に入ってから、はじめて出現した。

日本は平安時代から「もの作り大国」だった

私が縄文時代に、関心を向けるようになったのは、広島の真言宗の木原秀成《きはらしゅうせい》師に出会ってからのことである。

木原氏は全国的に人望が高いが、日本独特の文化が縄文時代に発していると、具体的な例を挙げて説いてきた。多くの国会議員や経済人に慕われているが、ストークス氏も言及しているマンリオ・カデロ外交団長も、木原師のファンの一人である。

縄文時代については、近年になって海外の学者たちも加わって、発掘作業がいっそう進んでいるが、そのつど、新しい発見がある。私は縄文時代における日本列島について、ぜひ、もっと学びたいと、考えている。

ストークス氏は日本が縄文時代に、世界に誇るべき文明を築いていた事実に触れて、日本があの時代から、「もの作り大国」だったことを、指摘している。

私はここ三〇年以上、毎年、製紙業界の会に外交問題の講師として、招かれてきたことから、製紙に関心を持ってきた。

紙は中国で発明されたが、日本は平安時代に入るまでに、中国を凌《しの》ぐ製紙先進国となっていた。

中国では、紙の「溜《た》め漉《す》き」が行なわれたが、日本に入ってくると、従来の「溜め漉き」と異なった、「流し漉《す》き」という技法が、編みだされた。

私は奈良県の吉野《よしの》を訪れて、手漉き和紙がつくられるところを、見学したことがある。原料の三椏《みつまた》を大鍋で煮たうえで、簀桁《すげた》ですくって、縦横に動かして漉いてから、板干しにする。そうして天日にさらして、乾燥させるというものだった。

三椏は、ジンチョウゲ科の落葉低木で、樹皮が高級和紙の原料として、古くから用いられてきた。

『源氏物語』を読むと、さまざまな色の和紙が、登場する。

紫がなかでももっとも多いが、「紫のにばめる（鈍色《にびいろ》がかる）紙」「白の薄様《うすよう》」「青摺《す》りの紙」「青鈍《あおにび》」「浅緑」「胡桃《くるみ》色の紙」「空色のくもら（曇）はしき」「赤き色紙」「紅《くれない》の紙」「紅き薄様」をはじめとして、数多くの色の紙の名が出てくる。

「黒き色」もある。鈍色は濃い鼠《ねずみ》色である。

『源氏物語』の全巻を通じて、登場してくる色の名を挙げていったら、もっともっとある。原料に染料を加えて、漉いたのだった。

日本が「もの作り大国」だった、という観点から、『源氏物語』を読むと、また、おもしろい。

平安時代には男女が、美しい紙を使って、文《ふみ》をやりとりしていた。

この時代には、「手紙」という言葉が、まだなかった。「文《ふみ》」と呼ばれていた。

文には香《こう》を選んでたきしめて、花を「折り枝」として添えて、相手に贈られた。

先に、「白の薄様」「紅き薄様」を挙げたが、「薄様《うすよう》」は一枚の紙ではなく、「かさね」て使われた。

それにしても、日本の先人たちの色彩感覚が豊かだったことには、心を揺さぶられずにいられない。

古紙の「漉き返し」も、日本で生まれた製紙法だった。

『源氏物語』に、清和《せいわ》天皇の女官のなかの一人が、帝《みかど》の死後に、漉き返した紙を用いて、写経をする場面がある。

「御法《みのり》書き給へりける色紙《しきし》の色の、ゆふべの空の薄雲などのやうに、墨染なりければ、人々あやしく思ひける（心をひかれる）に、昔賜はり給へりける御ふみどもを色紙に漉きて、みのりの料紙になされたりけるなりけり」

帝の文《ふみ》を漉き返したから、墨の色がのこって、淡《あわ》い鈍色《にびいろ》になっている。「ゆふべの空の薄雲などのやう」な色という感覚には、息を呑《の》まされる。

日本は美しさを求める。感性がつくってきた国であってきた。

紙は、安土桃山時代に入って、日本刀と並んで、日本の代表的な輸出品として、海外で求められた。

日本以外の国では、ティッシュペーパーのような薄紙を、つくることができなかった。とくに、日本の薄紙は、ヨーロッパの王侯貴族のあいだで、トイレットペーパーとして、珍重された。

私は招かれて地方を訪れると、講演の前に、美しい和紙を風呂敷がわりにして包んだ弁当を、振る舞われることがある。

私はそのつど、和紙を伸ばして家に持ち帰るが、このように風呂敷がわりに使える紙は、世界のなかで和紙しかない。

ちなみに、ヨーロッパに絵巻物がないのは、洋紙は巻いてしまうと、すぐにもとに戻らないので、拡げることができなくなってしまうからである。

和紙は、素晴らしい。東京都北区に、『紙の博物館』がある。日本各地の製紙の歴史や、紙を用いた、さまざまな工芸品が展示されていて、一見の価値がある。日本が古来から、匠《たくみ》の国であったことが、よく分かる。

厳しく二者択一を迫る一神教徒

欧米人やイスラム教徒にとっては、「天使か、悪魔か」「善か、悪か」の二者択一しかない。

これは、一神教が、唯一つ正しい信仰しか認めないことから、発している。イエスかノーか、どちらかを選ばせるのでは、息が詰まる。

ストークス氏が、英語で「誤《ロング》まっている wrong」という時には、地獄に堕《お》とされる「罪《シン》 sin」と、同意語であると説明しているが、一神教は恐ろしい。もともと日本に外来宗教として、仏教やキリスト教が入ってくるまでは、神道には、極楽も地獄も存在しなかった。そのため、いまでも日本人はおおらかだ。

ストークス氏は、西洋人から見て、日本人が「イエス」「ノー」をはっきりさせずに、曖昧《あいまい》に対応するために、しばしば彼らを苛立《いらだ》たせるにもかかわらず、和の心こそが、日本人の大きな長所だと、述べている。

日本人どうしのあいだで、和を壊さないために、できるだけ対立することを避けて、白黒をはっきりさせないことは、素晴らしいことだと思う。もっとも、外国人との交渉ごととなると、不必要な不信感や摩擦を招くことになり、好ましくないから、先方の流儀に合わせたほうが、よい。

しかし、日本人が「イエス」「ノー」をはっきりさせずに曖昧だと、あまり言われると、欧米人だって、交渉の席で確答するのを避けて、相手を苛立たせることがあると、反論したい。

一九四二（昭和十七）年二月十五日に、イギリスのシンガポール守備軍は、日本軍の猛攻に耐えかねて、パーシバル司令官が白旗を掲げて、ブギテマ丘のフォード工場まで幕僚をともなって徒歩でやってきて、山下奉文《やましたともゆき》大将の一行と会見した。

山下大将が即時、無条件降伏するように要求したのに対して、パーシバル中将が言を左右にして、即答することを避けた。
山下大将が痺《しび》れを切らして、怒りを露《あら》わにして、テーブルをドンと叩いて「イエスか、ノーか！」と、迫った。すると、パーシバル中将が俯《うつむ》いて、力なく「イエス」と、答えた。

欧米ではイエスかノーかしか、答がない。敵か、味方か、どちらかしかない。中国や韓国でも、同じことだったが、もし、論争に負けてしまったら、立ち直ることができない。場合によったら、拷問《ごうもん》されたり、生命《いのち》を奪われかねなかった。

自分の誤りを認めたら、生命、財産を奪われかねなかった。だから、安易に詫びることをしない。外国人は、めったに詫びない。

日本人は不本意であっても、「すみません」「申し訳ありません」と言って、互いに詫びの言葉を、連発する。

日本人がみんなで、午後六時に集まることを、決めたとする。ところが、約束の時間の一〇分前に到着したところ、他の全員が揃っていた。

そんな時には、約束の時間に遅れていないのに、頭を掻《か》きながら、「いやあ、すみません」とか、「申し訳ない」と言って、詫びる。

西洋人には少しも遅れていないのに、なぜ、日本人が「アイ・アム・ソーリー」と言って、詫びるのか、理解することができない。

しかし、日本の外の世界では、いったん詫びれば、自分の罪を認めたことになり、その罪に対して、責任をとって償《つぐな》わなければならない。

日本では気軽に詫びるのは、挨拶に近い。相手に合わせる文化だからだ。

宗教にも「和」の心を発揮する日本人

日本人にとって、宗教は恐ろしいものではない。

日本人は宗教といえば、人々や社会に平安をもたらしてくれるものだと、みなしている。

だが、このような日本の宗教観は、日本人がいかに外の世界について無知であるか、私たちがいかに世界の現実を知らないでいるか、浮き彫りにしている。

日本では、仏教が伝来すると、在来の信仰であった神道と習合して、混淆《こんこう》してしまった。

そして、今日にいたるまで、異なった信仰が抗争することなく、敬いあって、共存してきた。日本では和の心が、信仰の分野においても、働いてきた。

徳川家の最後の将軍となった、徳川慶喜《よしのぶ》公の葬儀が、徳川家ゆかりの仏教の寺（寛永寺）において、神式で行なわれた。しかし、西洋人やイスラム教徒にそういったら、まったく考えられないことだから、きっと聞き違えたと思うことだろう。

ユダヤ教徒、キリスト教徒、イスラム教徒にとって、宗教は何よりもの重大事であって、生命《いのち》のやりとりをすることである。

同じキリスト教、あるいは同じイスラム教であっても、宗派が違えば、殺し合うことになる。

いま、中東では、イラクとシリアを主な舞台として、イスラム教の二大宗派であるスンニー派と、シーア派が死闘を続けている。

これまで、シリア内戦だけによって、四〇万人が死に、シリアの人口の半数近くに当たる、一〇〇〇万人近い人々が、家族ぐるみで悲惨な難民となって、生命を賭けて地中海の荒波を渡り、周辺諸国やヨーロッパに溢《あふ》れ出ている。宗教は恐ろしいものだ。

宗教や、宗派間で、血を流して争っているのは、中東だけではない。

先進国では、イギリスの北アイルランドにおいて、一九七〇年代からプロテスタントとカトリック教徒が、相手を一日も早く、神の裁きのもとへ送り届けようとして、殺し合ってきた。

日本と違って、信心は生命がけのことなのだ。

ユダヤ教から、キリスト教が派生して、ユダヤ・キリスト教から、さらにイスラム教が生まれた。この三つの宗教は、同じ唯一神を拝んでいるというのに、反目しあって、血を流してきた。はじめから、和を欠いた人々なのだ。

ユダヤ・キリスト・イスラム教の神は、聖書に書かれているように、「怒りの神」である。自分以外の神を認めず、異端である信仰を許さない。

ユダヤ教にとって唯一つの聖書《トラ》が、キリスト教が呼ぶ『旧約聖書』であり、イスラム教にとっても聖典となっているが、神はもとの聖書《トラ》のなかで、自分が嫉妬心が強い「妬《ねた》みの神」であるともいって、自己紹介をしている。

そこで、神だけではなく、信者のほうも、同じように怒りっぽい。だから、争うことを好む。

他人を罵《のの》る語彙が極端に少ない日本語

ストークス氏は日本に、人を罵《のの》る語彙《ごい》が、わずか一〇語あまりしかないことが、世界のなかで珍しいと述べている。

ジョン・F・ケネディ大統領が暗殺された直後に、アメリカの伝記作家として有名なウイリアム・マンチェスターが、ケネディの死について本をまとめて、緊急出版したことがあった。アメリカの有力な『ルック』誌が要約して連載したのを、『週刊新潮』が版権をとった。

私がその訳者をつとめたが、ケネディ大統領と、ジャクリーン夫人が会話のなかで、「シット！ Shit!（小便）」とか、「ビッチ！ Bitch!（雌犬、あばずれ女）」「アスホール！ Asshole!（ケツの穴）」をはじめとして、つぎつぎと罵倒語を発するので、日本語に訳しようがまったくなくて、頭を抱えてしまったことがあった。

中国人や、韓国人や、欧米人は二〇分でも、三〇分でも休みなく、相手を罵り続けることができる。

キリスト教にとっての『旧約聖書』――ユダヤ人にとって唯一の聖書を読むと、罵り、呪う言葉に溢れている。気性が激しい民によって、書かれたことが分かる。だから、神も気性が激しい。

キリスト教圏や、イスラム教圏の人々に、宗教といったら、誰もが宗教が和《なご》むものではなく、厳しくて、恐ろしいものだということを、知っている。

アメリカの国鳥は、いかにして決められたか

私はアメリカの大学に留学した時に、七面鳥《ターキー》についてあるエピソードを聞いて、一神教の恐ろしさを知って、戦《おのの》いた。

アメリカ連邦議会が、国鳥を決定することになった時に、当初は七面鳥を推《お》す議員が、大多数を占めていた。

七面鳥《ターキー》は何をおいても、アメリカ人の大好物だ。スタッフド・ターキー——七面鳥の丸焼きとか、ターキー・サンドイッチといったら、目がない。

七面鳥は何といっても、移民がアメリカ大陸に初めて着いて以来、重要な栄養源として、人々を養った鳥だった。

七面鳥をクリスマスに食べるのは、アメリカに独特な習慣で、ヨーロッパではアヒルを食べる。移民が大西洋を渡って、アメリカ大陸に到着した時から、アヒルがいなかったた

めに、アヒルの代用としたことに、始まっている。

だが結局、アメリカの国鳥は、ご存知のとおりアメリカ鷲《アメリカン・イーグル》に決まった。

はじめ、アメリカ鷲（北アメリカ原産の白頭鷲）を推す議員は、少数派でしかなかった。

ところが、公聴会に証人として出席した鳥類学者が、七面鳥が「主が禁じ給うている一夫多妻の淫《みだ》らな鳥」であるのに対して、「アメリカ鷲は一夫一妻の鳥で、生涯同じ伴侶につれ添う」と証言したために、七面鳥派が敗れて、アメリカ鷲が国鳥となった。

もっとも、ケネディ大統領はだらしない女たらしだったし、いまでは、アイゼンハワー大統領にも、フランクリン・ルーズベルト大統領にも、愛人がいたことが知られている。

私がアメリカで親しくしたカトリック神父が、「汝《なんじ》偽《いつわ》るなかれ」「汝《なんじ》盗むなかれ」「汝《なんじ》姦淫《かんいん》するなかれ」「汝《なんじ》殺すなかれ」などと、定めている『天主の十戒』に、「もっとも重要な、隠された十一戒があるのを知っていますか」と、笑いながら、教えてくれた。

十一戒目は「それをしても、ばれるな」と、いうことだった。

欧米のキリスト教徒には、十一戒目を実践して、偽善に明け暮れている者のほうが、多い。彼らは、偽善を健全なものとしているから、気をつけなければならない。

日本人は年末に、クリスマスを祝ったと思うと、一週間以内に、仏教の除夜の鐘をありがたく聞いて、夜が明けるころになると、いそいそと神社へ初詣に出かける。

日本のクリスマスは、イエス・キリストが忘れられて、サンタクロースが主神となっている。イエスの生誕や、キリスト教と、まったく無縁な、物欲と享楽の祭となっている。

日本では、サンタクロース教という、新しい宗教が行なわれている。クリスマス・セールは、サンタクロース教の行事なのだ。クリスマス・セールを催す百貨店や、クリスマス・ディナーを売るホテルやレストランが、日本で生まれたサンタクロース教の教会なのだろう。

三つの宗教を忙しくハシゴして、神前で畏《かしこ》まって柏手《かしわで》を打ち、願い事をする。一神教の人々にとっては、ありえないことだ。

日本国憲法は、アメリカによる占領下で、日本を無力化して、アメリカの属国とすることをはかって、銃剣によって脅して、押しつけたものだった。

それにもかかわらず、戦後、今日にいたるまで、アメリカによって属国として保護されてきたために、世界のすべての国と仲良くなれるという、幻想でしかない〝平和憲法〟が受け容れられて、定着してしまっている。

他の国であったら、こんな子ども騙しの〝憲法〟は、独立を回復した直後に、投げ棄てていたことだろう。

しかし、日本ではこれまで外国の異教から身を守る必要がなかったから、まったく警戒心をいだくことがなかった。異文化の恐ろしさを、よく知らないのだ。

宗教戦争とは無縁であった日本

ヨーロッパでは、カトリック教徒と新教徒のあいだで、長いあいだにわたって、血を血で洗う抗争が続いた。

三〇〇年にわたった宗教戦争が、ヨーロッパを荒廃させた。異端裁判によって、三〇万人以上が火焙《あぶ》りの刑に処せられ、無惨な死に追いやられ、キリスト教徒によるユダヤ人の虐殺が、繰り返されてきた。今日のスンニー派とシーア派の戦いのキリスト教版だ。

イギリスは代表的な先進国だが、先にも述べたとおり、北アイルランドではカトリック教徒と新教徒のあいだで、一九九八年に休戦合意が成立したものの、二十一世紀に入って、まだ、銃撃戦や爆弾事件が続いている。

もっとも、宗教間の抗争は、キリスト教やイスラム教だけに限られない。

インドでは、建国以来、ヒンズー教徒とイスラム教徒のあいだで、暴力抗争が絶えない。ブータンでは、仏教徒がヒンズー教徒を迫害しているために、多くのヒンズー教徒が、国外へ難民となって、逃れている。

ミャンマーでは、仏教徒が八世紀から一〇〇〇年以上にわたって住んできた、イスラム教徒のロヒンギャ族に、苛酷な差別を加えてきた。

ミャンマーは、ロヒンギャを賤民として扱って、国籍すら与えていない。

そのために、数万人にのぼるロヒンギャが、粗末なボートで荒れる海上に脱出を試み、数千人が溺死している。この蛮行のために、ミャンマーは国際的な非難を浴びている。

日本でミャンマーの〝民主派のリーダー〟として、もて囃《はや》されているアウンサン・スーチー女史も冷血なことに、ロヒンギャに対するいわれない差別を批判したことが、一度もない。

スリランカでは、人口の七四パーセントを占める仏教徒が一六パーセントのヒンズー教徒を迫害して、二〇年以上にわたって内戦が戦われた。仏教は日本に渡ってきてから、平和な宗教となった。

読者のなかには、日本も徳川時代に、キリシタンを迫害したではないか、と言われるかもしれない。

しかし、秀吉がキリシタンを禁じたうえで、家康がキリシタンを邪教として、徹底的に弾圧したのは、正しかった。

はじめ、信長はキリシタンの宣教師を歓迎した。しかし、キリスト教に入信した人々が、「バテレン」と呼ばれた宣教師によって煽動されて、神道や仏教を邪教とみなし、神社仏閣を襲撃して、破壊したり放火したりし、さらには神官や僧侶に暴行を加えたりしたために、禁教に踏み切った。

大部分の西洋人がこのような傲慢さを、いまだに今日でも自分たちが他文化に優越していると思い込んで、いだいている。

宣教師たちは、さらに数万人の日本人の男女を、奴隷として海外へ売って、教会の資金として、懐《ふところ》を肥やした。

もし、キリシタンの布教が許されていたとしたら、日本でも凄惨な宗教戦争が、戦われていたにちがいない。

徳川幕府は、キリシタンとして疑われる者に、踏み絵をさせて、拒んだ者を処刑した。

刑死したキリシタンは合計しても、わずか三〇〇〇人にすぎなかった。もちろん、踏み絵を踏めば、お咎《とが》めがなかった。

三〇〇〇人という数は、ヨーロッパにおいて十世紀から行なわれた異端審問によって、三〇万人以上が殺されたのと比較すると、必要最小限の人数に、とどめられたのだった。

二〇一五年一月に、パリでイスラム過激派のテロリストによって、週刊新聞社「シャルリ・エブド」が襲撃されて、一七人が犠牲となった。

フランス政府は直ちに、全国で三日間の喪に服することを決定し、パリで一六〇万人にのぼる市民が、空前の抗議デモ行進を行なった。

痛ましい事件だった。だが、フランスが二〇〇年あまり前に、最大のテロ国家だったことを思うと、隔世の感があった。

フランス革命は一七八九年から九九年にわたって、大量殺戮を行なった。

国王ルイ十六世、マリー・アントワネット王妃から、貴族、富裕階級、革命の敵とされた人々が、休みなく断頭台《ギロチン》に送られて処刑され、三万人以上が虐殺された。

パリの街路を埋めて行進した群衆が、イスラム過激派によるテロに抗議して、フランス革命の三色旗を振りながら、フランス革命の「自由、平等、博愛」のスローガンを、連呼した。

日本のテレビ局の特派員が、マイクを握って、「花の都のパリで……」と、絶叫していた。無邪気なのはよいが、フランス史を勉強してほしい。私はフランス革命の大流血の惨事を、思い起こさざるをえなかった。

「躾《しつけ》」は、日本独自の漢字

日本文化の最大の特徴の一つが、清浄であることである。

人の身のまわりも、人の心も、清くなければならない。あらゆるものに、清さを求める。

宝塚歌劇団の「清く正しく美しく」というモットーは、日本人の心を、よく表わしている。

私は人民解放軍や、中国共産党の招きで、中国をしばしば訪れたが、どこへ行っても、不潔なことに、閉口した。

中国人は、行儀がひどく悪いのだ。日本人のような躾《しつけ》を、欠いているからだ。

漢字は、中国から借りてきたものだが、日本で独自につくった漢字を、「国字《こくじ》」と呼んでいる。

国字には、親の分身であるから「身」を「分」けたという「躮《せがれ》」や、傷《いた》みやすいから

「鰯《いわし》」のように、おもしろい字が多い。

「躾《しつけ》」も、典型的な国字で、もとの中国には、存在していない。しつけは、「躾《しつけ》」とも、書かれた。

明治の〝御一新〟から、世界が日本の目覚ましい発展に、こぞって目を大きく見張った。この先人たちによる偉業は、日本人の心を培《つちか》ってきた躾によって、もたらされたものだった。

親が子に伝えた躾は、日本に固有なものであって、日本人の心そのものだ。躾という文化は、他国に存在しないから、外国語に訳すことができない。

日本文化は、茶の湯、日本舞踊、和服の着付け、書道、武道、禅、大工、左官の技、料理人……何であれ、すべて心によって、成り立ってきた。

日本ではどのような技であっても、精神から発していなければならない。

西洋のマナーmannerが、表面的な行儀作法であるのに対して、躾は心そのものである。日本は心が、人を人たらしめている。心の民であってきたのだ。

中国人の友人たちの前で、「躾」と書いて、「どういう意味だと思いますか」とたずねると、「肉体美の娘のことでしょう」と、答える。いかにも、中国人らしい答だ。「酒池肉林」の文化だけのことはある。

躾は相手が誰であっても、自制して振る舞うことだ。

中国人は、権力者や金がある者に対してのみ、礼儀正しくするから、日本人が譲り合ったり、行列を乱すことがないのを、理解することができない。

吉田茂《よしだしげる》首相は、天津の領事を務めたことがあったのに、「中華料理は不潔だ」と言って、生涯、口にしなかった。

和食は、味がよいだけではない。世界のどの料理よりも、清浄である。

漢字の「家」は、屋根を意味しているウ冠《かんむり》の下に、漢和辞典でひくと、豚を意味する「豕《ぶた》」がいる。

中国人は古来から、一つの屋根の下で、豚と一緒に暮らしていた。

「美」という字は、「羊」の下に「大きい」という字が、組み合わされている。中国人にとっては丸々と肥った羊が、何よりも、美しいのだ。日本では、美的感覚と唾液腺が、一緒になることがなかった。

日本から遣隋使や遣唐使、遣明使や遣新羅《しらぎ》使の一行が、危険な海を渡って、大陸に使いしたが、帰り途《みち》に、羊や豚を連れてくることがなかった。

梅が『万葉集』に、もっとも多く登場する花だが、中国原産の外来種である。大陸からの帰りに、羊や豚のかわりに、梅や、やはり中国の原産である、橘《たちばな》の苗木を積んできたのだった。

来日した外国人を驚かせた幕末日本の清潔さ

平成十五（二〇〇三）年に、江戸開府四〇〇年が祝われたが、その時記念事業として、日光東照宮が江戸研究学会を立ち上げた。

私がこれまで、江戸時代の日本が世界のなかで、庶民がもっとも恵まれていた国だったと、書いたり話したりしていたので、会長を引き受けさせられた。

今日の東京には、多くの江戸の遺産が残っている。

いまでも、路地に入ると、家の前に花や植木の鉢が置かれている。わが家も、ご多分に洩れず、植木を並べている。日本の原風景の一つだ。

私は都心の麴町《こうじまち》に住んでいるが、銀座まで三〇分ほどかけて歩くと、途中に屑籠《くずかご》が一つもないので、西洋人を当惑させる。

アメリカやヨーロッパの都市だったら、屑籠が三〇メートルおきぐらいに、かならず置かれている。

日本では、芥《ごみ》を外で捨てることなく、袂《たもと》に入れて持ち帰ったし、物を大切に使ったから、芥がほとんど出なかった。

幕末の日本を訪れた西洋人は、貧寒な村を通っても、人々が笑みを絶やさず、親切、丁《てい》重《ちょう》で純朴なことに、申し合わせたように、感嘆している。

道も、家のなかも、清潔で、身なりがこざっぱりしているのに、目を見張った。今日でも、ニューヨークや、ロンドンや、ローマを訪れたら、路上のここかしこに芥が落ちていて、日本から訪れる観光客を失望させている。

江戸時代の日本には、ヨーロッパやアメリカだけではなく、世界のどこでも付きものの、不潔が見られなかった。

長崎海軍伝習所の教官だった、オランダ士官のカッテンディーケは、「支那の不潔さと較べて、日本はどれほどよいか、聖なる国だ」と、書いている。

フランス人のボーボワル伯爵も、「不潔、むかつくような悪臭が漂っている、きわまりなく下品な支那を離れて、日本は深い喜びだ」と、述べている。

「官災」「官禍」という単語が存在しない日本

日本の文化は、何よりも清いことを旨《むね》としてきたから、商人が品質や、量を誤魔化したり、役人が賄賂《わいろ》をとることがなかった。

朝鮮も、中国も、苛酷な社会だった。中国人も、朝鮮人も、為政者を恐れた。

朝鮮語には「火災《ファジェ》」や、「水災《スジェ》」と並んで、「官災《クワンジェ》」という、日本語に存在しない言葉がある。

私は韓国を一九七〇年代に訪れた時に、韓国の友人に、占いや厄除《やくよ》けを行なう巫堂《ムダン》の祈禱所に案内してもらって、「官災除け」の呪符《プジョ》（お札《ふだ》）を買ったことがある。韓国ではどこにでも、巫堂の祈禱所がある。

巫堂は巫女《みこ》であるが、踊るうちに神霊が乗り移る。呪符を、家の玄関の内側の壁の上か、窓の上に貼っておくと、役人に苛《いじ》められない、ということだった。

かつては、護符や厄除けの呪符を、朝鮮服の袂《ソメ》のなかに、入れたものだった。いままでは、男たちが役人に苛められることがないように、財布のなかに入れている。

朝鮮でも、中国でも、賄賂を強要しない役人が、珍しかった。これは今日でも、変わっていない。民衆は朝鮮時代から、「清吏《チヨンリ》」に憧れた。中国でも、同じことだった。

中国語では、「官禍《クワンホ》」「清官《チングワン》」という。それに対して、日本では役人を疫病のように、恐れることがなかった。日本語の日常の語彙のなかには、清吏も、清官も、存在していない。

江戸時代というと、人々が圧政のもとで生きていたと、誤って信じている者が、少なくない。

だが、ストークス氏も述べているように、七〇万人に対して、わずか一五〇人あまりの警官しかいなかったのだから、抑えつけられていたというのは、当たらない。

江戸は、世界に類例がない、高度な自治社会だった。

江戸だけにかぎらず、全国にわたって、治安がきわめてよかったのは、何といっても、国民の徳性が、高かったからだった。

後藤新平《ごとうしんぺい》（一八五七―一九二九年）といえば、明治から大正にかけた政治家であるが、大正九（一九二〇）年から、東京市長をつとめた。大正十二（一九二三）年に起きた関東大震災後の都市改造に、敏腕を振るった。

後藤は、東京市長在任中の大正十一（一九二二）年に、江戸の自治制度について、調査して『江戸の自治制』と題する、優れた研究書を著している。

このなかで、江戸が当時の世界における、最大の都市であったのにもかかわらず、市民の「自治精神を鼓吹《こすい》」したから、「少人数の役人を以て、之《これ》を処理して、猶《なお》綽然《しやくぜん》余裕（が）有《あ》」ったと、述べている。

そして、「幕政（幕府による政治）の特色たりしは、儀礼を以て、社会を秩序せること是《これ》也《なり》」と、結論づけている。

なぜ、日本人の美意識が発達したのか

日本人は、いつの時代をとっても、美意識が突出して発達していた。

私たちは善悪よりも、美か、穢《けが》れか、ということを、尺度として生きてきた。清潔さを重んじて、穢れを嫌ってきたのも、美意識が働いている。日本人にとって、善悪は理屈によらずに、感性から発している。

美意識が人々の生活哲学と、行動様式を律していた。江戸時代を通して、治安がきわめてよかったが、それは人々の美意識が高かったことによった。

このように美意識が、生き方の規範をつくっていた社会は、日本の他にどこにもなかった。武士道も、美への憧れから、生まれたものだった。

人々は美しさを、競った。日本では、西洋人や中国人が求める永遠の美よりも、生命が露の間であるのと同じように、その瞬間ごとの束の間《つかま》の美を、重んじた。

日本の工芸品の素材には、金銀や貴石などではなく、材質としては、ほとんど無価値なものが、用いられている。

日本の工芸品を潰したり、壊したとしたら、一銭にもならないものが、ほとんどである。皇室の宝物である、正倉院の御物《ぎよぶつ》をとっても、金銀や宝石を贅沢に用いた、まばゆいものは、ほとんどない。財宝というよりも、その大半が日用品なのだ。

日本は、美しい人々の国だった。

幕末に日本を訪れた西洋人は、家や部屋に、鍵も錠もなく、誰でも侵入できるのに、金銭や、物が盗まれることがけっしてないと言って驚いた。自分の国では貧しい者が粗暴で、いつも暗い表情をしているのに対して、日本では誰もが明るく、人々が口汚く罵りあうことがないことに、文字通り驚嘆した。

通訳のヒュースケンは、アメリカの初代領事だったハリスに仕えたが、「この国では、どこにも悲惨なものを、見出すことができない。人々の質実な習俗と、飾りけのなさを、賛美したい」と、記している。

日本の人口は、江戸中期から幕末まで、ほぼ三〇〇〇万人だった。

鎖国が、日本に固有の文化を創りだして、円熟をもたらした。食糧をはじめ、自給自足することが可能だったために、鎖国を行なうことができた。

江戸時代の日本人は、上から下まで、浪費を嫌い、倹約を旨として生きた。公徳心が高く、内面を律する心の働きによるものだった。

金持ちが高ぶらず、贅沢をみせびらかすことがなく、誰もが控え目で、貧乏人は卑下《ひげ》しなかった。江戸には、貧乏人が存在したが、西洋や中国、朝鮮に見られた惨めな貧困がなかった。

歴代の天皇のなかで、西洋や、中東や、インドや、中国、朝鮮の皇帝や、国王のように、贅《ぜい》に耽《ふけ》った者は、一人もいなかった。

私は幼少のころに、祖母から『小倉百人一首』を習った。

その第一番目の歌が、天智天皇による「秋の田のかりほの庵《いほ》の　苫《とま》をあらみ　我が衣手《ころもて》は　露に濡れつつ」である。

仮庵《かりほ》は、農作業のための粗末な仮小屋、苫《とま》は藁《わら》、衣手《ころもて》は衣の袖のことだ。

天皇が秋の実りの収穫期に、水田のわきの仮小屋で、露が降りて袖を濡らすまで、ひたすらゴザを織っておられたのだ。

天智天皇は第三十八代目の天皇に当たり、『万葉集』に登場する額田王の恋人だった。『万葉集』には額田王の歌が一〇首、収められている。

外国の皇帝や王は、全員が個性を持っているが、日本では「天皇に私なし」といわれる。天皇も、労働に従事し、いつの時代にも質素だった。

江戸時代の日本に、階級差別がなかった理由

江戸時代には、士農工商の身分制があったものの、侍だからといって、威張らなかった。

神道は、主なる神のもとに大天使がいて、そのまた下に天使たちがいる一神教と違って、八百万の神々が横並びになっている。水平な宗教である。

日本では南北朝時代の昔から、身分を超えて酒を酌《く》む、無礼講が行なわれた。無礼講は身分の上下の別なく、日常の身分差を忘れて行なう宴《うたげ》のことで、「慇懃講《いんぎんこう》」とも呼ばれた。

南北朝の抗争を描いた『太平記』に、「無礼講」という言葉が出てくる。このような言

葉は、中国語にも、朝鮮語にも、ヨーロッパ諸語にも存在しない。

ヨーロッパでも、中国でも、朝鮮でも、階級間の差別が、厳しかった。そのために、身分を超えて酒席に連なったり、交わるようなことは、ありえなかった。

今日でも、アメリカやヨーロッパでは、はっきりとした階級差別があって、エリート階級の者と、労働階級の者が、社交的に同席することがない。

明治初年の日本に滞在した、日本研究者として著名なイギリスのチェンバレンは、「この国のあらゆる社会階級は、社会的に比較的平等である。金持ちは高ぶらず、貧乏人は卑下しない。本物の平等精神と、みな同じ人間だと心底から信じる心が、隅々まで浸透している」と、記している。

前出のカデロ外交団長によれば、天皇は「世界でもっとも謙虚な人」だという。最良の日本人を演じていられるのだ。

江戸時代には、武士も、庶民が催す句会や、連歌の会や、茶会に参加する時には、長脇《ながわき》差《ざし》を差さなかった。このような場においては、身分差別がなかった。武士は遊郭でも、帳場に両刀を預けてから、上がらなければなかった。

近松門左衛門（一六五三―一七二四年）は、浄瑠璃、歌舞伎狂言の劇作家として、名高い。

近松はシェイクスピアが没してから、三七年後に生まれている。

〝日本のシェイクスピア〟とも呼ばれるが、シェイクスピア劇の登場人物が、すべて王侯貴族であるのに対して、近松の主人公は、みな庶民たちである。江戸時代は、庶民の時代だった。

近松は、「侍とても貴からず。町人とても賤《いや》しからず貴い物は比の胸一つ」（『夕霧阿波《ゆうぎりあわの》鳴渡《なると》』）と記した。

また井原西鶴《いはらさいかく》（一六四二―一六九三年）は「一切の人間、目あり鼻あり、手足もかはらず生れ付《つき》て、（略）俗姓《ぞくしよう》・筋目《すじめ》（注・血統）にもかまはず、ただ金銀が町人の氏系図（注・家系図）になるぞかし」（『日本永代蔵』）と、書いている。

庶民は経済力によって、武士に対抗する力を持っていたが、人が平等であることを、意識していた。

西鶴の『武道伝来記』では、侍を「侍畜生」といって、罵る言葉が、繰り返し出てくる。『好色一代男』のなかでも、遊女の口から侍に向かって、「侍畜生めよ」と言わせている。

また『武道伝来記』では「今時は、武道はしらひ（知らぬ）でも、十露盤《そろばん》を措《おき》ならひ、始末（経営）の二字を名乗れば、何所でも知行《ちぎよう》の種となりて、譜代《ふだい》の筋目正敷《すじめただしき》者は、かならず知行を減少さらる。世は色々にかはりて、今より末々は、諸侍たる者、刀の代に秤《はかり》を腰にさして、商《あきな》ひはやるべし」とも、書いている。

武士が泰平の世が続くなかで、算盤を使う役人となってしまったから、秤を腰に差して歩くことになるだろう、というのだ。

近松も、「侍畜生」という言葉を使っている。おそらく庶民のあいだで、ひろく武士に対する陰口として、使われていたのだろう。

近松は劇中で、「ハテ刀差《さ》すか差さぬか。侍も町人も、客は客。なんぼ差いても、五本六本は差すまいし、よう差いて、刀脇差《わきざし》たった二本」（『心中天網島《しんじゆうてんのあみじま》』）と、言わせている。観客は爆笑したにちがいない。

なぜ江戸の町は、良質の飲料水に恵まれたのか

神道は、心と身のまわりを、清明に保つことを求める。

およそ、今日の日本文化の形は、江戸時代につくられたといってよい。今日、私たちは江戸時代の恩恵を、大いにこうむっている。

江戸時代の日本の水と緑にあふれた景観は、素晴らしかった。どこへ行っても、神社や、小さな祠《ほこら》があった。人々は崇神の心が篤《あつ》く、自然を汚すようなことが、なかった。私は樹木ほど、美しい彫刻はないと思う。江戸は青々と茂る樹々のなかにひろがる、緑の都市だった。

平和が幕藩体制のもとで続くなかで、何ごとについても、精神がことさらに重んじられるようになった。

武士道という言葉も、江戸時代に入ってから生まれた。戦う技である武術が、武道と呼ばれて、精神面が強調されるようになった。

人々が正座するようになったのも、江戸時代に入ってからのことだ。それまでは、茶の湯の席でも、胡坐《あぐら》をかいていた。

千利休《せんのりきゅう》の全身像を描いた掛け軸が、三幅伝わっているが、三つの掛け軸とも胡坐《あぐら》をかいている。

女性の和服姿の幅広い帯から、落語、俳句、歌舞伎、文楽、花火、寿司、天麩羅、割り箸まで、江戸時代のものである。落語ははじめ「軽口ばなし」と呼ばれていたが、中期から「落とし咄《ばなし》」とも「人情噺《にんじようばなし》」とも、呼ばれた。

江戸期の日本には、人情がどこへ行っても、微粒子のように、空気のなかに飛んでいた。

ちなみに、西洋諸語に「人情」に当たるような言葉がない。

江戸は当時の世界のどの都市よりも、良質で、安全な飲料水に恵まれていた。

今日、東京の水道水が、世界一だといわれているが、それは日本の文化が創りだしたものだ。

家康が、江戸を都市として建設するまでは、伝染病をもたらす、蚊やボウフラが涌《わ》く湿地が、ひろがっていた。

家康は、江戸を本拠地として定めると、ただちに良質の飲料水を確保するために、小石川《こいしかわ》上水と、神田《かんだ》上水の造営を命じた。

幕府には、神田上水奉行や、玉川《たまがわ》上水奉行などの水道奉行が置かれていた。貴重な水質を守るために、水源に番人が詰める水番屋と、水衛所が設けられていた。

番屋や水衛所には、高札が建てられて、洗い物や水浴び、放尿や芥《ごみ》の投棄を御法度《ごはっと》として、厳しく取り締まった。

江戸の人口が増すと、今日の東京都羽村《はむら》市にあった羽村の取水口から、新宿御苑にあった四谷大木戸《よつやおおきど》の水番所まで、多摩川上流から、四三キロにわたって、石樋、瓦樋、木樋を使って、清水を引き込む地下水路が、掘削された。

これは、壮大きわまる計画だった。飲料水が四谷大木戸の水番所から、地下水道を通じて、それぞれの町内に設けられた上水井戸まで、届けられた。

江戸期に編纂された『慶長《けいちょう》見聞録』に、「是《これ》薬のいづみなれや、五味百味を具足（十分に備わる）せる色にそみてよし、身にふれてよし、飯をかしひ（炊《た》いて）よし、酒茶によし（中略）濁水をのぞき去て、清水を万人にあたへ給ふ」と述べている。

汚物の処理でも際立《きわだ》っていた日本

日本は物心ともに、ひたすら清明を求める文化だった。

西洋人も、中国人や朝鮮人と同じように、不潔だった。

ヨーロッパでは十八世紀ごろまで、キリスト教会の教えによって縛られて、裸体を罪悪視したために、ほとんどの人が、生まれた時に産湯《うぶゆ》に浸《つ》かってから、死ぬまで、入浴することがなかった。

フランスの〝太陽王〟と呼ばれた、ルイ十四世（一六三八―一七一五年）は栄華を極めたが、一年に一回しか、風呂に入らなかった。だから、平民から、王侯貴族まで、体から悪臭を発していたが、みな同じなので、周囲の人々も、あまり気にしなかった。

ラフカディオ・ハーン（一八五〇―一九〇四年）は、日本名を小泉八雲《こいずみやくも》といった。日本を愛した、西洋人だった。

ハーンは、日本の群衆のなかに立っても、ヨーロッパやアメリカでは、女性が強い香水をつけて悪臭を放っているのと比べて、婦人がつけている麝香《じやこう》の香りがほのかにするだけだといって、称賛している。

今日の日本では、西洋の香水をふりかけている女性が多い。そのような女性と運悪く、エレベーターに乗り合わせてしまうと、息苦しくなる。

パリでもロンドンでも、糞尿や塵埃《じんあい》を窓から、街路の上にぶちまけたために、街に悪臭が漂っていた。もっとも、建物から捨てる時には、大声を発して、通行人に警告するのが、マナーとされていた。

中国や朝鮮でも、糞尿が住居に面する路上に投棄されていたから、同じことだった。

ところが、日本では糞尿は、商品だった。汲取屋が家々を巡って、汲取式便所から糞尿を買って、農村まで運んだうえで、堆肥《たいひ》として売った。このために、街路が清潔に保たれた。

汚穢屋《おわいや》は立派な職業であって、同業組合をつくっていた。

西洋人が肉体を清潔に保つようになったのは、十七世紀後半に顕微鏡によって、細菌が発見され、十九世紀に入ってから、細菌と病気の因果関係が証明されてからのことである。

欧米では、病気に対する恐怖心から、入浴する習慣が、はじめて広まるようになった。もっとも、このために、ヨーロッパでは近代に入ってから、下水道が発達したのに対して、日本では下水道の整備が、大きく立ち遅れた。

いまでも西洋では、肉体を罪悪視する伝統が生きている。肉体は穢れたものだから、話題にしてはならないという、強い力が働いている。

もっとも、地中海沿岸の人々は、裸体に対して寛容だったから、古代から、ギリシアやローマには、裸体の像が多く見られた。

私は東京・四谷で少年期を送ったが、夏になると近所衆の男たちが、露台でステテコ姿や、褌《ふんどし》を締めただけで涼んだり、銭湯を往《ゆ》き来したものだった。けっして恥ずかしいことではなかった。日本の原風景の一つだったが、日本の夏に適《かな》っていた。

日本なら、人に会った時に、「だいぶ肥えられましたね」と言ったり、親しい人であったら、「腹が出てますなあ」とからかっても、いっこうに差し支えない。しかし、西洋人に対しては、絶対の禁句である。

それにしても、日本では裸の女性の像が、いたるところ全国に建っている。冬になって、裸像が雪をかぶっていると、痛々しい。西洋の物真似も、いい加減にしてほしい。

世界に超絶する江戸時代の教育水準

日本では、ヨーロッパや、アメリカと比べても、はるかに庶民の教育水準が高かった。全国にわたって寺子屋が、二万軒あまりあった。

少年男女のほぼ全員が、読み書き、算盤《そろばん》、行儀のほか、農業、漁労など地元の産業について、学んだ。今日、当時の教科書であった往来物《おうらいもの》が、七〇〇〇種以上も残っている。

寺子屋はすべて、地元の人々の手作りだった。幕府にも、藩にも、教育を担当する役人が、一人として存在しなかった。私は、今日、文科省を廃止したら、日本の教育の質が向上するにちがいないと、信じている。

この他に、おびただしい数の私塾が存在した。日本人は身分にかかわらず、向学心がきわめて旺盛だった。

幕府は社会秩序を維持するために、士農工商の四身分制をとったが、庶民は武家の株を買って武士になれたし、農工商のあいだの区分は、なかったといってよい。

私は伊能忠敬《いのうただたか》（一七四五—一八一八年）の末裔《まつえい》に当たるが、忠敬は農民に属していながら、酒をつくって、売っていた。

渋沢栄一《しぶさわえいいち》（一八五〇—一九三一年）は、明治の〝日本資本主義の父〟といわれるが、今日の埼玉県の農家で、染物の藍《あい》を栽培して藍玉をつくり、これを販売していたから、農工商の三つを兼ねていた。

庶民の教養が、驚くほど高かった。江戸期の傑出した経済学者といえば、石田梅岩《いしだばいがん》（一六八五—一七四四年）と、二宮尊徳《にのみやそんとく》（一七八七—一八五六年）の二人だが、ともに庶民である。

興味深いのは、同時代のヨーロッパを代表する経済学者で、『国富論』によって知られるアダム・スミス（一七二三—一七九〇年）は、グラスゴー大学の倫理学の教授だった。

石田も、二宮も同じように、倫理を説いている。東西ともに、倫理と経済は一つのものだった。今日の経済学は、物欲を充《み》たすための方法論となって、倫理とまったく関わりがなくなった。

日本は身障者にやさしい社会だったことを、特筆したい。

幕府は身障者の保護に、手厚かった。これは、日本人として、大いに誇れることである。盲人だけが、金貸しを営むことを許されていた。

勝海舟《かつかいしゅう》の曾祖父は、農家の子で、全盲の按摩師だった。そのかたわらで、金貸しを営んで小金を貯め、息子に最下級の武士の株を買った。

私は盲人福祉に、四〇年近く携わってきたが、江戸時代の日本は、二人の世界的な盲人を生んだ。

杉山和一《すぎやまわいち》（一六一〇―一六九四年）は、中国の太く長い鍼《はり》を、今日の筒に入った、細く短い鍼にかえて、日本に独特な管鍼法を発明した。

和一は、今日の三重県の武家の子だった。さまざまな苦難を乗り越えたうえで、五代将軍綱吉《つなよし》の侍医となった。綱吉は和一に求められて、一六八〇年から六年以上にわたって、盲人に鍼按摩を教える職業稽古所を、全国の三〇カ所に開設した。

ヨーロッパの最初の盲人学校が、一七八四年にフランスにおいて開校したが、これは日本に、一〇四年遅れている。

もう一人の塙保己一《はなわほきいち》（一七四六―一八二一年）は、今日の埼玉県の農家に生まれ、幼少の時に、失明した。保己一は、人が音読したものを、暗記して学び、江戸時代を代表する大学者となった。

六六六冊にのぼる、『群書類従《ぐんしょるいじゅう》』によって、知られるが、保己一が取り組んだ『史料』の編纂は、いまでも東京大学史科編纂所が、引き継いでいる。

ヘレン・ケラーは、昭和十二（一九三七）年に、はじめて来日した時、まっ先に東京・渋谷の温故学会会館に、駆けつけた。女史はここに置かれた保己一の机を、案内人によって促されるまで、感慨深げに撫《な》でた。

女史は生後一九カ月で視力と聴力を失い、唖者となったが、幼い時から、母親から東洋の日本に塙保己一という、全盲の大学者がいたことを聞かされ、手本にして、努力したのだった。

今日でも、渋谷の温故学会会館に、保己一の机が置かれている。

第3章　日本文化の世界的使命

樋口一葉《ひぐちいちよう》の現代日本への警鐘

二〇一五年は、日清戦争終結から一二〇年の節目に当たった。

五千円札を使う時に、樋口一葉《ひぐちいちよう》（一八七二―九六年）の肖像を、ぜひ、よく見てほしい。一葉は本名を、夏子《なつこ》、戸籍名を奈津《なつ》といった。

奈津は、一度も洋装をしたことが、なかった。五千円札には、奈津が生涯でただ一回だけ、写真館で撮った写真が、使われている。

五千円札は、陰翳《いんえい》を消してしまったために、もとの写真の奈津の蠱惑《こわく》的な美貌を、伝えていない。

奈津は、日本が日清戦争に勝った、翌年の明治二十九（一八九六）年に肺病を患って、二十四歳で赤貧のなかで死んだ。

葬儀には、家族と友人が一二、三人、集まっただけだった。

奈津は、明治五（一八七二）年に、東京府の下級官吏を父として、府庁舎の長屋で生まれた。父は、今日の山梨県の甲斐国《かいのくに》の農家の子だったが、当時は長男しか、相続できなかったために、江戸に出た。

奈津は十一歳で、小学高等科を首席の成績ながら、中途退学した。当時の小学校は、四年制だった。奈津の最終学歴である。幼時から、父に古典を教えられて、古典に親しんだ。

父親は、教養人だった。いったい、今日の日本で、幼い子に古典を教える親が、いるものだろうか。

奈津が十七歳になった時に、役所を辞めていた父が、事業に失敗して、多額の借金を残して病死した。

奈津は、母と妹をかかえて、針仕事や洗い張りによって、三人の生活を支えた。そのかたわら、死後、高く評価されるようになった作品を世に送った。

今日の日本で、十代の娘が、家族を養うために、身を削《けず》って働くものだろうか。あのころは、日本人の覚悟が違ったのだった。

開国してから、「文明開化」と呼ばれた西洋化の高波が、社会を容赦なく洗っていたが、江戸期の生き方が、まだ、人々を律していた。

奈津は、克明な日記を遺したが、しばしば、そのときどきに日本が直面した、内外の情況に触れている。

病没する前年の日記に、「安《やす》きになれておごりくる人心《ひとごころ》の、あはれ外《と》つ国《くに》（註・西洋）

の花やかなるをしたい、我が国振《くにぶり》のふるきを厭《いと》ひて、うかれうかるゝ仇《あだ》ごころは、流れゆく水の塵芥《ちりあくた》をのせて走るが如《ごと》く、とどまる處《ところ》をしらず。流れゆく我が国の末いかなるべきぞ」と、記した。

日本が明治に入ってから、まだ三〇年もたっていなかった。西洋を模倣することによって、日本人の心がすでに、蝕《むしば》まれるようになっていたのだった。

明治新政府は、欧米の帝国主義勢力から日本の独立を守るために、上から「文明開化」政策を進めて、日本を、西洋を模倣した〝近代国家〟に、大急ぎでつくり替えなければならなかった。

弱肉強食の世界のなかで、日本が生き残るためには、他に道がなかった。今日の国際社会も、弱肉強食が罷《まか》り通っていることでは、変わりがない。

奈津が十歳になった時に、はじめて東京にアーク灯の外灯がともった。

銀座大通りだった。その年に売り出された錦絵があるが、「エレキ器械ヲ以テ火光ヲ発シ、其《そ》ノ光明数十町ノ遠キニ達シ、恰《あたか》モ白昼ノ如《ごと》シ。実ニ日月ヲ除ク外、之《これ》ヲ同ジクスルモノナシ」と、説明している。

日本が「文明開化」によって、一変しつつあった。官員がフロックコート、巡査や軍人が洋式の制服を着用し、銀座に洋館が並ぶようになった。一般の人々も、舶来の製品や習俗に憧れて、洋装から、洋髪、洋食まで、洋風が流行した。

日本は幕末に、はじめペリーによって日米和親条約を強要され、他の西洋列強がそのあとに続いた。日本は、その後の一連の屈辱的な不平等条約によって、苦しめられていた。

そのために、安政《あんせい》の不平等条約の改正が、国をあげての目標となった。当時の世界では、白人の文明だけが真っ当なものであり、白人の文明を身につけなければ、未開国とみなされた。

多くの人々にとって、「文明開化」の速度があまりにも早かったために、まるで見知らぬ外国に連れてこられてしまったような、違和感にとらわれたにちがいない。

「文明開化」政策は、日本を守るための、あくまでも手段だった。

明治政府は文明開化を遂行するのに当たって、日本古来の精神を失うことなく、西洋の技術を身につけようとする「和魂洋才」を標語《スローガン》として掲げた。

ところが、民衆の多くが目的と手段を混同してしまって、「洋」が「和」にまさる価値観だと、勘違いした。

私には、奈津の嘆きが、よく分かる。この時代は、アメリカ化が進む、戦後の日本とよく似ている。今日の日本の社会も「文明開化」によって翻弄《ほんろう》された、明治のあの時代のように、すべてが人工的で、落ち着きがない。

あわただしい「文明開化」に浮かれる人々によって、昔から重んじられていた、慎みや礼節、誠実さが軽んじられ、軽蔑された。

人々が落ち着きを失って、浮き足立ったために、「開化の病」と呼ばれた神経症を患う者が増えた。

夏目漱石は、奈津が他界した同じ年に、二十九歳で熊本の第五高等学校に赴任していた。このころから漱石は「文明開化」のなかで、神経衰弱を病むようになった。

漱石は、その四年後の明治三十三（一九〇〇）年に、ロンドンに留学していたが、日記に「只《ただ》西洋カラ吸収スルニ急ニシテ、消化スルニ暇ナキナリ、文学モ、政治モ、商業モ、皆然《しか》ラン。日本ハ真ニ目ガ醒メネバナラヌ」と、書いている。漱石は後に「開化病」を、小説『吾輩は猫である』と『断片』のなかで、取り上げている。

「物」が充たされ、「心」が貧しくなった日本人

奈津が日本の前途を憂《うれ》えてから、一二〇年がたった。

今日の日本は、物の豊かさが満ちあふれているかたわら、心が貧しくなった。いつになっても、人々が満たされることがない。

そのために、共同体であった社会が、急速に壊れつつある。人々が欲望によって駆り立てられて、自分しか顧みないために、苛立ちやすい。

このところ、日本では高速道路がひろがるごとに、人の心が狭くなった。

スーパーやレストランが立派になるのにつれて、家庭の食卓が貧しくなった。機能的なマンションが建てられて、生活がいっそう快適になるにつれて、家族の解体が進み、隣人と接することがなくなり、相親《あい》しむことがない。

若者まで心が疲れて、若々しさを失って、安易な癒《いや》しを求めている。

欲しいものが、何でも手に入るようになったというのに、この国から希望だけが、なくなった。

人々は、ついこのあいだまで、人生が苦の連続であると、みなした。そこで、少しでも、楽しいことがあれば喜んだ。

ところが、今日では多くの者が、人生が楽の連続でなければならないと思って、つねに不満を唱えて、すぐに挫折する。

人生が楽の連続であるというのは、真実から遠い。だから、精神がひ弱になって、傷つきやすい。

そのために精神を病んで、社会に迷惑を掛ける者が絶えない。「開化病」によって、冒されているのだ。

私はインドに、足繁く通った。デリーに、マハトマ・ガンジーが暗殺されるまで住んだ、簡素な石造りの家がある。

ガンジーは、いつも裸足《はだし》だった。私はガンジー財団に案内されて訪れた時に、裸足になって、靴を手に持って、構内を歩いた。ガンジーが歩いた大地に、触れたかったからだ。

ガンジーは、倫理を重んじて、自ら糸車で糸を紡いで、人々が質実な生活を送るべきことを、説いた。ガンジーは、道徳と節制を説いた、アジアの最後の指導者となった。

その後のアジアは、鄧小平《とうしょうへい》や、先ごろ亡くなったシンガポールのリ・クワンユーが代表したように、経済成長を何よりも重要な課題とするようになった。

経済が倫理から切り離されて、欲望の経済となった。貪欲の経済というべきなのだろうか。

しばらく前に、ある団体から、私がもっとも好んでいる漢字を揮毫《きごう》するように、依頼された。

私は迷わずに、「貧」の一字を選んだ。貝は漢字が生まれたころに、貨幣として用いられていた。

小さな貝を、何人かで分かち合って喜びあうほど、心が暖まることはないではないか。

一方で「貪《むさぼる》」という漢字は、金を見つめるという、高度成長を表わす字だ。

性急なアメリカ文化の悪影響

ストークス氏は、イギリスのエリート校の出身だ。落ち着きがなく軽佻浮薄《けいちょうふはく》なアメリカの生活文化を、嫌っている。

アメリカ人は、何ごとについても急いでいる。

私は急ぐことは、犯罪だとみなしてきた。

私たちは新幹線から、地下鉄、乗用車、電話から、掃除機、炊飯器まで、時間を省くためにつくられた、無機的なものに囲まれて、生きている。

今日の人々は、急ぐことがよいことだと、思い込んでいる。

しかし、私たちの心は生きているはずだ。心を働かせるためには、種を蒔《ま》き、芽をふき、花がひらいて、実を結ぶまで、自然によって定められた時間があるように、有機的な時間を必要としている。

急《せ》くと、心が働かないから、思いやる心や、まごころが、生じない。

パソコンやスマホが、書籍を追放している。悪貨が良貨を駆逐してしまうのと均《ひと》しい。

いまの若者は、まったく努力することなく、瞬時に、幕末の吉田松陰《よしだしょういん》や坂本龍馬《さかもとりょうま》たちの数千倍の情報量を、指先一つで、たちまち取り出すことができる。

それでも、幕末の志士たちが身につけていた知識に、はるかに及ばない。

ＩＴから取り出す情報は、細切れになっている。断片だから、いくらあっても、情報でしかなく、知識とならない。知識は、まとまっているものだ。ＩＴは知識を破壊する機械である。

二〇一五年の春に、信州大学の入学式で、山沢清人《やまさわきよひと》学長が、新入生に「スマホをやめますか。それとも信大生をやめますか」と、問い掛けた。山沢学長に、拍手喝采したい。

そのうえで学生たちに「スイッチを切って、本を読みましょう。友達と話しましょう。そして、自分で考えることを、習慣づけましょう」と、呼び掛けた。

だが、これが高校ではなく、大学の学長が行なった挨拶なのだから、暗澹《あんたん》とせざるをえなかった。

ＩＴに頼る若者は、いつだって、急いでいる。

若者たちは精神科医が言う、注意欠陥・多動性障害を病んでいる。注意力を持続できないでいる。そのために、何ごとについても、衝動的だ。

落ち着きがないのは、一つのことに集中することが、できないからだ。

パソコンや、スマホが普及するにしたがって、若者たちの精神の発達に、深刻な障害が生じるようになっている。

今日の若者は、ＩＴの集積回路に組み込まれてしまっているようだ。テレビを観ていたら、青年たちのロックバンドが演奏していたが、歌詞のなかに「スマホはぼくらの内臓だ」という、一節があった。

人のあいだの情愛や、親子の情をぬくめるためには、長い時間を共有しなければならない。

なぜか、誰もがまるで宅配便になったように、急いでいる。三、四〇年前までは、すぐわきに情《じょう》のある人々が、多くいたものだった。今日と違って、ゆとりのある時間が流れていた。

情報や物だけでなく、人までを使い捨てにする。情がない社会が、到来するようになっている。

感性の豊かさを失いつつある現代の日本

この三、四〇年のうちに、世帯構成が大きく変わった。

統計を見ると、一九八〇年代前半までは、「夫婦と子世帯」が多数を占めていたのに、いまでは「単独世帯」が、もっとも多くなっている。

高齢化が進むかたわら、子が親と同居しないために、「夫婦のみ世帯」が増えるようになった。

外食産業でも、業界用語でいう「おひとりさま」の顧客が、珍しくなくなっている。これは、けっして店だけのことではない。家でも、「おひとりさま」が多い。

「夫婦と子世帯」は、二世代が睦《むつ》む家庭であるはずなのに、夫や、妻や、子の「孤食」が、珍しくない。家族は一緒に多くの時間を過ごすからこそ、家族というのだ。

日本語には明治に入るまで、「個人」というおかしな言葉が、存在していなかった。ヨーロッパ諸語を訳するために、明治に入ってから造った、新参の言葉である。

いまの若者文化は、何よりも速度《スピード》を尊んでいる。いまという時間しか、大切にしない。いまの若者は急ぐあまり、全員が情緒欠陥に陥っている。

恋して相手に思いを、せいいっぱい伝えようとしても、せいぜい「好きだよ」とか、「アイ・ラブ・ユー」「愛している」の一言しか、いえない。失語症を病んでいるにちがいない。

ストークス氏がemojiに触れているが、日本で生まれたそうである。失語症の症状が進んでいるのでなければよいと願いたい。

ヨーロッパの友人によれば、ヨーロッパでも、日本語のemojiで通用するそうだが、ヨーロッパ諸語の語源のギリシア語のemo（感情）をとって、emoticonsとも呼ばれているそうだ。

『万葉集』の昔に、戻ろう。『万葉集』には、仁徳天皇を死ぬまで激しく愛した、皇后の磐之媛《いわのひめ》の歌が、収められている。

「ありつつも　君をば待たむ　うちなびく　わが黒髪に　霜《しも》のおく（註・降る）までに」

――夜の霜がわたくしの黒髪におりるまで、あなたをずっとお待ちしますと、切々と訴えている。

磐之媛は『古事記』には、石之日売命《いわのひめのみこと》として登場している。

もっとも、『古事記』が描く時代には、五七五七七からなることから三十一《みそひと》文字と呼ばれてきた和歌というものが、まだなかった。

そこで、『万葉集』にある歌は、磐之媛の作ではなく、きっと人々のあいだに民謡として、伝えられてきたのだろう。編纂者が『古事記』の記述から、磐之媛にふさわしい歌だと思って、媛の名を借りたのだと思う。

『万葉集』の「朝寝髪《あさねがみ》　われは梳《けず》らじ　愛《うるわ》しき君が手枕《たまくら》　触れてしものを」という女性の歌は、〝詠《よ》み人《びと》知らず〟とされている。

あの時代の男女は、心を表わす言葉を持っていた。パソコンも、スマホもなかった時代の日本人は、感性が豊かだった。

社会が若者文化によって、支配されているから、高齢者までが若者を模倣するのに、うつつを抜かすようになっている。

現代は現在という、頼りない時間しかない。

過去という厚みを欠いているから、軽薄で、つねに漂っている。なにごとについても、速度が尊ばれている。現在すら、その瞬間ごとに、捨てられていく。

なぜなのか、過去よりも、不確かな未来のほうが重んじられている。過去は軽んじられるだけでなく、進歩を妨げるとみなされている。

記憶はコンピューターのメモリーのように、いつでも指先一つで、取り出すことができる。頭や心のなかに、宿っているものではない。

私のように、古い事物を大切にする者にとっては、おぞましいことだが、日本だけではなく、世界が、舵も錨も失った船のような、脱伝統文化時代に入ったといわれている。

幸福は、安易に手に入るものではないはずだ。私は「幸せを求める罪」があると思う。周囲の人々と、そのときどきに、与えられた境遇に感謝して励めば、結果として幸せがやってくると、信じてきた。

インスタント食品が普及したためか、何でもすぐに手に入るためなのか、幸福も忍耐することなく、やってくると思っているのだろうか。

一億そろって「風」に流される日本人の大弱点

ストークス氏が、日本人には「和」によって付和雷同する、大きな欠陥があるといって、批判している。

たしかに、「和」は日本の貴重な財産であるが、両刃《もろは》の剣であって、時には短所ともなって、私たちを傷つけてきた。

本書が日本文化の長所だけ、取り上げるのであってはならない。

二〇一二（平成二十四）年十二月に、第四十六回衆議院議員総選挙が行なわれた。

私はその前月に月刊誌に、つぎのように寄稿した。

「橋下徹大阪市長の〝大阪維新の会〟が、全国に旋風を巻き起している。政界再編の目だという。

日本に〝維新の会〟という強風が、吹いている。

だが、〝維新の会〟には、まだ分からないところが多すぎる。

私は異常な〝維新の会〟のブームには、深い不安を覚える。

日本の民主政治には、周期的に『風』が吹いてきた。この三十年ほど、このような『風』が、日本の民主主義の際立った特徴となっている。

昭和六十四（一九八九）年の衆議院選挙で、日本社会党が土井《どい》たか子委員長のもとで、議席を倍以上に増した。マスコミが『マドンナ旋風』と呼んで囃し立てたが、土井氏が

『山が動いた』といって、小躍りした。

小泉《こいずみ》首相が平成十三（二〇〇一）年に『自民党をぶっ壊す』といって、郵政改革を訴えた総選挙で、自民党が圧勝した。

三年前に、民主党が『政権交代』を叫んで、鳩山由紀夫《はとやまゆきお》内閣が登場した時にも、マスコミは『風が吹いた』といって、盛んな拍手を送った。

なぜか、日本国民は内容がよく分からない、新しいものに、憧れる性癖がある。三年前の総選挙では、みんなの党がそのコミック的な党名によって、高い人気を博した。

これらの『風』は、みな、一過性のものである。平成十三年に誕生した〝小泉チルドレン〟は、その後の『風』によって、芥《あくた》のように散ってしまった。三年前にバッジをつけた〝小沢《おざわ》チルドレン〟も、『風』とともに去ることとなろう。みんなの党も、賞味期限が切れて、よろめいている。

『風』が周期的に吹くのは、日本の民主主義が国民のあいだに、しっかりとした根を、降ろしていないためである。（中略）

本来、日本語で『風』といったら、思わしくない言葉だった。よい言葉といったら、『そよ風』ぐらいのものだろう。

風の吹回《ふきまわ》し、風任《まか》せといえば、定見がないことである。男や女が心変わりするのを、風吹きといった。

江戸時代には、『かぜを負うた』というと、物怪《もののけ》に取り憑かれたことをいった。『あの人は風に当たった』といえば、人に災いする魔風のことだった。風は疫病神であり、『風の神払い』といって、仮面をかぶって、太鼓を打ち鳴らして、軒々、金品を貰い歩く辻乞食がいた。

地方では、風の神に見立てた人形を作って、鉦《かね》や、太鼓ではやしたてて、厄除《やくよ》けを行った。

いまでも農村へ行くと、風害を免れて豊作になるように祈願する、風神祭が行われている。

マスコミは、風の魔神だ。マスコミは、政治屋と一緒になって、風袋をかついで、風害を撒き散らしている。

いまでは、政界で『風』は、よい言葉になっているが、『風』は政治を不安定なものにしている。

風頼りで当選した若い一年生議員が、国会から追われると、再就職するのが難しい。きっと落魄《らくはく》して、風を恨むことになろう。

日本国民には、熱しやすく冷めやすい欠点がある。煽ることが、ジャーナリズムの生業《なりわい》であることは、戦前から変わらない。

マスコミは何であれ、騒ぎを好む。劣情を刺激するポルノと変わらないが、そうすることによって、紙数が増え、視聴率があがる。

江戸時代には、流行神《はやりがみ》現象があった。ある祠《ほこら》を詣《もう》でると、治病とか金運とか、大きな御利益があるという噂が、ひろまる。すると、群集がそこに殺到する。ところが、長続きしない。いつも、一過性のものだった。

しばらくすると、ちがう祠か、寺か、社を詣でると、福運がつくという風聞がひろまる。人々が、そこへ集まる。流行神は花が咲いてぱっと散るから、『時花神《はやりがみ》』とも呼ばれた。

マスコミは、流行神だ。そのたびに、賽銭箱が満たされる。

お蔭参りは、江戸時代におよそ六十年周期で起ったが、伊勢神宮に参詣すると、大きな御利益があるという噂がひろまって、老いも、若きも、日常生活の規範を離れて、街路に飛び出し、奔流のように踊り浮かれて、伊勢へ向かった。

最後のお蔭参りは、幕末の慶応三（一八六七）年に起ったが、当時の日本の人口の一割に近かった二百万人以上が、全国から伊勢を目指した。路々で周辺の家に、土足であがり込み、饗応《きようおう》を強いるなど、狼藉《ろうぜき》を働いた。

平成に入っても、日本でお蔭参りが続いている。

日本では政治が国民生活から、浮き上がっている。国民が日常の政治に、かかわろうとしない。

日本国民は日頃、ゲルマン民族のように規律を守って地道に生きると思うと、周期的にラテン民族のように浮かれて、空《から》騒ぎする。

アングロサクソンや、ゲルマン民族であれば、新しいものに警戒心をいだく。かりに多少の欠陥があっても、多年使い慣れたもののほうが、安心できるものだ。

ところが、日本国民は政治の場にまで、『女房と畳は、新しいほうがよい』という感覚を、持ち込む」

もっとも、お蔭参りに参加したのは、下層民だけだった。武家階級や教養ある庶民は、冷やかに眺めていた。

日本に与えられた世界的使命

ストークス氏が、日本文化が世界を救うことになると、説いている。

私も世界平和のために、日本の心と和の文化を世界にひろめることが、人類に明るい将来をもたらすことになると、信じている。

日本の国家目標として、日本の文化を世界にひろめることを、官民をあげて努力するべきである。

しかし、これは一朝《いっちょう》でなし遂げられることではない。

今日でも、世界の本丸は西洋にあって、欧米人に日本文化を理解させて、日本の文化を取り入れるようにはかるためには、まだ長い道程《みちのり》がある。

ストークス氏も指摘しているように、ほとんどの欧米人が、白人の文明は他のどの文化よりも優越していると、思い込んでいる。ライオンが頂点にいて、鼠がピラミッドの底にいるという、中世的な構図をいまだに信じているのだ。

今日の日本で、老いも若きも、英語の学習熱が盛んだが、大いに歓迎するべきことである。日本には「スピード・ラーニング」をはじめとする、手軽な英語の教材から、街角の小さな英語塾まで、巨大な英語産業が存在している。

日本文化を世界に受け入れさせるためには、一人でも多くの国民が英語を身につけることが望ましい。心強いことだ。

ハンチントン教授が、日本を世界の八大文明として定義したことに、ストークス氏が触れている。他の七つの文明がそれぞれ多くの国々から構成されているのに対して、日本は独立した文明であって、ただ、一国だけで成り立っている。日本文化はどこにも、属していない。だから、仲間がいない。

そのうえ、日本の文化があまりにも独特であるために、日本は世界のなかで孤立しやすい、あるいは、苛《いじ》められやすいという、大きな弱点を備えている。これは、日本が持って生まれた宿命だ。

だからこそ、日本を守るために、日本に共感する国々と、外国人を、力を尽くして一国でも、一人でも多く、獲得しなければならない。

世界の未来のために、日本文化を普及させることによって、世界の人々を開化したいと思う。開化は思想、文化、風俗を向上させることによって、文化がひらけることだ。

世界を救うために、日本文化をひろめるのが、日本に与えられた使命であるとともに、日本文化を世界に売り込むことは、日本の存立を全うするためにも、何としても必要なことである。

明治の先人たちを戦《おのの》かせた西洋の覇権が、先の大戦によって弱められたものの、今日でも大きな力をもって世界の政治経済を動かしているから、日本にとって「文明開化」の時代は、いまだに終わっていない。

森鷗外《もりおうがい》は夏目漱石と並ぶ、明治の文人だった。

鷗外は、明治四十四（一九一一）年に、『鼎軒《ていけん》先生』という作品のなかで、日本の性急な西洋化を排して、日本が和洋の二本足で立たねばならないことを、訴えている。

「私は日本の近世の学者を一本足の学者と二本足の学者に分ける。

新しい日本は東洋の文化と西洋の文化とが落ち合つて渦を巻いている国である。そこで東洋の文化に立脚してゐる学者もある。西洋の文化に立脚してゐる学者もある。どちらも一本足で立つてゐる。（中略）

併《しか》しさう云ふ一本足の学者の意見は、偏頗《へんぱ》（加瀬註・かたよる）である。（中略）

そこで時代は別に二本足の学者を要求する。東西両洋の文化を、一本づゝの足で踏まへて立つてゐる学者を要求する」

日本文化を世界にひろめるためには、いまこそ和魂洋才が求められている。

私たちは、夏目漱石が明治三十四年に、「日本ハ真ニ目ガ醒メネバナラヌ」と自戒したように、日本を取り戻さなければならない。

あとがき

二〇一五年のミラノ食品万博では、日本館の人気がもっとも高かった。

イタリアの友人の話によると、イタリア人は何よりも行列と規律を嫌うはずなのに、日本館の前には、いつも数時間も待つ列ができたという。

なかでも、日本から来た料理人が「駅弁」をつくる実演をしたのが、話題を呼んだとのことだった。駅弁は、寿司や、日本刀、キモノのように、日本にしかないものだ。

私は地方を訪れるたびに、駅の構内にさまざまな駅弁が並んでいるのに、見とれてしまう。仙台駅の「網焼き牛たん弁当」、横川《よこかわ》駅の釜に入った「峠の釜めし」、鎌倉駅の「かまくら旬彩弁当」などなど、日本中の主要な駅の数だけある。

世界の二大美術館といえば、ロシアのサンクトペテルブルグのエルミタージュ美術館と、パリのルーブル美術館が有名だが、駅弁は足を停《と》めて、目で堪能するだけでも、エルミタージュやルーブルを訪れるのと、同じ価値がある。

盛り付けが、美しい。幕末から明治初期にかけて、ヨーロッパの人々がはじめて日本の浮世絵に出会った時と同じような、衝撃を受ける。

日本は世界のなかで、美的感覚がもっとも突出した文化だ。これほどまで、美にこだわる国民はない。

一方、日本人が寡黙なのは、何ごとにつけ、心を大切にするからである。

私たちは中国人や韓国人や、西洋人のように、饒舌《じょうぜつ》に理屈を用いて、何が正しく、何が悪だと決めつけることをせずに、何ごとについても、美しいか、清くないかということを、尺度とする。言葉は少ないほうがよい。言葉は邪魔になる。

私は言葉に備わっている最大の機能は、自己主張と、弁解にあると思う。日本人は和を大切にするから、言葉を信用しない。

言葉は言い争って、口論して相手を負かす道具である。

いま、中東を流血の舞台として、イスラム教の二大宗派であるスンニー派と、シーア派が殺し合いに明け暮れているが、このあいだまでキリスト教が、旧教《カトリック》と新教《プロテスタント》に分かれて数百年にわたって繰り広げ、ヨーロッパを荒廃させた宗教戦争を再演している。

キリスト教や、イスラム教、その新派である共産主義は、論理を振り翳《かざ》して諍《いさか》うものだ。私たちには、なじまない。言葉を乱用すると、心が和《なご》まない。

私たちの先人が、世界に類《たぐい》がない寡黙な文化を培《つちか》ってきたのは、素晴らしいことだと思う。

古来から、日本では言挙《ことあ》げする――声を張りあげて強調していうことを、嫌ってきた。私たちは和を大切にして、譲り合って生きてきた。いがみあうのは醜いことであり、美しくないことだと感じてきた。

日本には、外国であればありえない訓戒が多いが、「負けるが勝ち」という言葉は、日本にしかない。外国人にいくら説明してみても、理解してもらえない。日本の外の世界では、一度負けてしまったら、立ち上がることはできないからだ。

「美《うま》し国《くに》ぞ　あきづ島大和の国は」（万葉集）というように、日本は諍《いさか》いごとを嫌う、美しい心が宿る国であってきた。あきずは、蜻蛉《とんぼ》のことだ。

もちろん、日本が諸外国と交渉するのに当たっては、日本を守るために、洋才を身につけ言挙げして、存分にまで論理を駆使しなければならない。

テレビ朝日の著名なキャスターが、十一月のパリのテロ大量殺人事件の直後に、「イスラム国（ＩＳ）」について、「どうあれ、イスラム国とよく話し合うべきです」と発言していた。いかにも、純朴な日本人らしい意見だと思って感心したが、このような平和主義は残念なことに、外の世界では通用しない。

一九八〇年代に、ハーバード大学のエズラ・ボーゲル教授が、『ジャパン・アズ・ナンバーワン』を著して、一時、大きな話題を呼んだ。ほどなく日本経済がアメリカを追い越して、世界一になると予見した本だった。

ボーゲル教授はドイツ系アメリカ人で、ボーゲルはドイツ語で、天高く昇る「鳥」を意味するが、日本のバブル経済は、その後、破裂してしまった。

ストークス氏と私は、日本経済はさておいて、日本の「和の文化」こそが、世界一――ナンバー・ワンであって、世界が日本文化を手本とするようになれば、世界平和が実現されるものと、信じている。

一日も早く、美《うま》し世界が到来するように、努力してゆきたい。

加瀬英明《かせひであき》

平成二十七年十二月一日

★読者のみなさまにお願い

この本をお読みになって、どんな感想をお持ちでしょうか。祥伝社のホームページから書評をお送りいただけたら、ありがたく存じます。今後の企画の参考にさせていただきます。また、次ページの原稿用紙を切り取り、左記まで郵送していただいても結構です。

お寄せいただいた書評は、ご了解のうえ新聞・雑誌などを通じて紹介させていただくこともあります。採用の場合は、特製図書カードを差しあげます。

なお、ご記入いただいたお名前、ご住所、ご連絡先等は、書評紹介の事前了解、謝礼のお届け以外の目的で利用することはありません。また、それらの情報を6カ月を超えて保管することもありません。

〒101−8701（お手紙は郵便番号だけで届きます）
祥伝社新書編集部
電話03（3265）2310
祥伝社ホームページ　http://www.shodensha.co.jp/bookreview/

キリトリ線

★本書の購入動機（新聞名か雑誌名、あるいは○をつけてください）

＿＿＿＿新聞の広告を見て	＿＿＿＿誌の広告を見て	＿＿＿＿新聞の書評を見て	＿＿＿＿誌の書評を見て	書店で見かけて	知人のすすめで

★100字書評……英国人記者が見た世界に比類なき日本文化

名前

住所

年齢

職業

ヘンリー・スコット・ストークス　Henry Scott-Stokes

1938年英国生まれ。61年オックスフォード大学修士課程修了後、64年来日、フィナンシャル・タイムズ、ザ・タイムズ、ニューヨーク・タイムズの各東京支局長を歴任。三島由紀夫との親交でも知られる。

加瀬英明　かせ・ひであき

1936年東京生まれ。外交評論家。慶應義塾大学、エール大学、コロンビア大学に学ぶ。77年より福田・中曽根内閣で首相特別顧問を務める。日本ペンクラブ理事、松下政経塾相談役などを歴任。

藤田裕行　ふじた・ひろゆき

1961年東京生まれ。ジャーナリスト。上智大学外国語学部比較文化学科中退。日本銀行、外務省などで英語講師。日本外国特派員協会などで活動。

英国人記者《えいこくじんきしゃ》が見《み》た世界《せかい》に比類《ひるい》なき日本文化《にほんぶんか》

ヘンリー・S・ストークス　加瀬英明《かせひであき》

2016年1月10日　初版第1刷発行

発行者……………竹内和芳
発行所……………祥伝社《しょうでんしゃ》
〒101-8701　東京都千代田区神田神保町3-3
電話　03(3265)2081(販売部)
電話　03(3265)2310(編集部)
電話　03(3265)3622(業務部)
ホームページ　http://www.shodensha.co.jp/

装丁者……………盛川和洋
印刷所……………堀内印刷
製本所……………ナショナル製本

Printed in Japan　ISBN978-4-396-11453-4　C0236

〈祥伝社新書〉
話題のベストセラー

379
国家の盛衰
3000年の歴史に学ぶ
覇権国家の興隆と衰退から、国家が生き残るための教訓を導き出す！
上智大学名誉教授 渡部昇一
早稲田大学特任教授 本村凌二

371
空き家問題
1000万戸の衝撃
毎年20万戸ずつ増加し、二〇二〇年には1000万戸に達する！　日本の未来は？
不動産コンサルタント 牧野知弘

420
知性とは何か
日本を襲う「反知性主義」に対抗する知性を身につけよ。その実践的技法を解説
作家・元外務省主任分析官 佐藤　優

440
日韓　悲劇の深層
「史上最悪の関係」を、どう読み解くか
西尾幹二
呉　善花

445
紛争輸出国アメリカの大罪
地上の戦争・紛争の原因は、みんなアメリカが作った！
国際政治学者 藤井厳喜

祥伝社新書

「世界の中の日本」を考える

ヘンリー・S・ストークス（元「タイムズ」「ニューヨーク・タイムズ」東京支局長）

英国人記者が見た

連合国戦勝史観の虚妄

「日本＝戦争犯罪国家」論を疑うことのなかったベテラン・ジャーナリストは、
なぜ歴史観を180度転換させたのか？

加瀬英明
ヘンリー・S・ストークス（元「ザ・タイムズ」「ニューヨーク・タイムズ」東京支局長）

なぜアメリカは、対日戦争を仕掛けたのか

ペリーがタネを蒔き、そしてマッカーサーが収穫した

ルーズベルトが周到に敷いた開戦へのレール
そうとも知らず和平を願い、独り芝居を演じる日本政府
その教訓から、今日、何を学ぶか？